ARTIFICIAL
INTELLIGENCE
EDUCATION

人工智能+教育

人工智能时代，未来学校教育的机遇、挑战与重塑路径

王立辉 ◎著

中华工商联合出版社

图书在版编目(CIP)数据

人工智能+教育：人工智能时代，未来学校教育的机遇、挑战与重塑路径 / 王立辉著. —北京：中华工商联合出版社，2024.2

ISBN 978-7-5158-3896-0

Ⅰ.①人… Ⅱ.①王… Ⅲ.①人工智能-应用-学校教育-研究 Ⅳ.①G4-39

中国国家版本馆CIP数据核字（2024）第048093号

人工智能+教育：人工智能时代，未来学校教育的机遇、挑战与重塑路径

作　　者：	王立辉
出品人：	刘　刚
责任编辑：	胡小英　楼燕青
装帧设计：	周　琼
排版设计：	水京方设计
责任审读：	付德华
责任印制：	陈德松
出版发行：	中华工商联合出版社有限责任公司
印　　刷：	三河市宏盛印务有限公司
版　　次：	2024年4月第1版
印　　次：	2025年4月第3次印刷
开　　本：	710mm×1000mm　1/16
字　　数：	180千字
印　　张：	15
书　　号：	ISBN 978-7-5158-3896-0
定　　价：	68.00元

服务热线：010—58301130—0（前台）
销售热线：010—58302977（网店部）
　　　　　010—58302166（门店部）
　　　　　010—58302837（馆配部、新媒体部）
　　　　　010—58302813（团购部）
地址邮编：北京市西城区西环广场A座
　　　　　19—20层，100044
http://www.chgslcbs.cn
投稿热线：010—58302907（总编室）
投稿邮箱：1621239583@qq.com

工商联版图书
版权所有　侵权必究

凡本社图书出现印装质量问题，请与印务部联系。

联系电话：010—58302915

自序 Preface

超级智能世界：敬畏与创新的未来之路

在当今这个飞速发展的科技时代，我们置身于超级智能时代的大潮中。

人工智能、工作场所自动化、机器人技术和自治系统正在改变着我们的生活与工作方式，这种改变通常被视为"第四次工业革命"。这一革命不仅仅是技术的迭代更新，更是对人类文明、工作方式，甚至认知方式的颠覆。目前，各国已有许多关于这一变革的研究，大多涉及预测哪些工作将会被人工智能大规模取代，以及多少人的生计可能受到威胁等问题。虽然这些研究的结论尚未形成一致，但存在一些值得借鉴的共同观点。例如，在各行业中，运输业和仓储业或许会成为失业风险较高的领域，教育行业的就业率受到的影响或许相对较小。

尽管如此，教育体系和教育工作者、培训师的职能不应被视为不会发生重大改变。第四次工业革命以迅猛之势席卷全球，所有的教育体系都需要重视这一趋势。而身处其中的我们要想顺势而为，就必须追本溯源，并不断思考、重新探讨什么才是真正的人类智能[①]，这将是推动我们抽丝剥茧地了解人工智能的第一步。

---

① 人类智能，是一个人类学术语，就是人类认识世界和改造世界的才智和本领，是人类发明的智能。

●第四次工业革命带来的三大影响

第四次工业革命的核心在于，由人类创造的机器正以高度智能的方式运行。无人驾驶汽车和货运车辆，医疗诊断系统能够比人类医生更准确快速地诊断疾病，律师助理软件的法律检索能力远超人类……诸多例子足以印证这一点。目前，这些人工智能系统仅限于各自擅长的特定任务领域。例如，医疗诊断系统无法驾驶汽车，而律师助理软件也不具备诊断疾病的能力。然而，我们不能因此而自满，认为我们的智能不可超越。当人类与人工智能系统处理相同任务时，人工智能显然能以一种可以被视为智能的方式处理任务。

概括地说，第四次工业革命在教育体系中主要产生了三大重要影响。

首先，这一变革使我们能够利用人工智能技术解决教育和培训中的多项问题和挑战。这些挑战涉及如何弥合接受高质量教育和未接受的人之间的成就差距、解决资源匮乏问题、满足学生的新需求，以及在许多青少年尚未接受良好教育的国家建立可持续的教育体系。

思考一下，当5G网络等数字通信基础设施与巧妙设计的人工智能教育应用相结合时，无论身在何处，我们都能为每个人提供良好教育的机会。如果每个人都能接受良好教育，人类将取得何种成就？

第二个影响是，人们需要学习并深入了解人工智能，以便安全、高效地应用它。一方面，少部分人需要深入研究人工智能，开发下一代人工智能技术和各类应用程序；另一方面，跨学科理解人工智能的人需设计监管机制和道德规范，确保人工智能的良好使用。然而，我们作为教育工作者，也需要了解人工智能的基本原理，例如，为何数据对于机器学习和人工智能系统至关重要，以及人工智能能够或无法完成的任务和活动等。

第三个影响最为重要，它要求我们改变现有的教育模式和体系。这三个方面的影响相互关联，相互推进。然而，其中第三个方面的改变无疑是最为复杂、棘手的问题，需要我们重新定义和评估对人类智能的理解，以适应人工智能普及的新世界。

如果我们真心期盼能够迈向更高层次发展，并为人工智能的科学进步做好准备，就需要改变关注焦点。不再浪费精力去预测哪些工作会被人工智能取代，而是要集中理解智能的真正内涵。我们需要重点培养那些人工智能无法实现的人类智能要素，这也是目前教育领域从业者所面临的挑战。

● 重新定义智能

"智能"一词的内涵一直备受争议。

自苏格拉底时代以来，人们一直在讨论这个话题。对于人类智能而言，少有争议的是它与教育之间的联系。当前时代背景下，教育的重要性在于促进人类学习能力和不断发展智能的能力，这种学习能力正是我们教育系统的核心。特别重要的是，在机器学习能力大量取代人类、实现人工智能商业化运用的情况下，这种学习能力愈发关键。不论是人工智能还是人类智能，都是通过学习获得复杂智能。然而，人类通过学习获得的智能与人工智能系统通过学习所获得的智能存在根本差异。在这样的条件下，我们的教育想要转型，就必须重塑教育体系，既重视结合人工智能技术的数字化转型，也侧重人工智能和自动化技术无法取代的人类智能元素。这样的教育体系将与现有体系产生鲜明对比，因为目前大多数教育系统侧重于自动化技术可以轻易取代的智能元素，并在这些领域进行重点培养和评估。

例如，《新科学家》杂志报道了一篇关于"人工智能突破"的文章，标题为《人工智能在英文考试中获史上最好成绩》。这样的报道引发业界深思：既然人工智能能够在考试中获得优异成绩，为何我们的学生还需要参加这类考试呢？并且，人工智能的考试成绩还将不断提升，速度远远快于我们的学生。

在思考如何迎接人工智能时代的同时，这些问题将成为我们必须解决的关键问题。

●未来将是超级智能的世界

当上述问题逐渐明朗，超级智能的世界将会加速到来。为了应对这个挑战，我们需要赋能教育工作者，使他们能够协助学生更好地发展智能。

同时，随着大规模人工智能的涌现，我们必须重新审视教育的发展方式，以进一步提升宝贵的人类智能。

犹记得在2020年春节期间，我在家闭门静心阅读了《智能学习的未来》一书。这部著作探讨了人工智能与人类智能的关系，也深入研究了未来教育的问题，更燃起了我创作本书的初心。

该书作者罗斯玛丽·卢金认为，**未来社会将是一个超级智能的世界，我们必须为自己的能力范畴建立起一个认知框架。这旨在防范人工智能取代人类，强调警惕学习中可能偏废了重要能力的训练。**

在我看来，这种对人类智能的重新思考超越了加德纳的多元智能理论，将人类智能更简洁地分为智力因素和非智力因素。而人工智能的强项更与智力因素相关。**教育的未来需要将重心放在发展人工智能、增强人类未来学习的能力，以发挥人类智能与人工智能各自的优势。**

罗斯玛丽·卢金的思路似乎解开了我一直以来的迷思：面对人工智能等一系列新技术的到来，面对超级智能的新世界，传统的学校教育该如何转型，又该如何拥抱新科技，拥抱变革，在变化中重塑教育的底层逻辑……

带着这一系列的问题，我终于开启了本书的创作，从策划到走访调研，再到初稿完成直至正式出版，在反复打磨中走过了三个年头。在这个过程中，我曾与一位高校的院士深入探讨教育的本质与人工智能时代教育的发展方向，甚至对方还提出了对教师人工智能素养教育的想法，希望未来的教师能够帮助年轻一代为迎接新的人工智能时代做好准备。

我愈加肯定，在未来，人工智能将不断颠覆教育的生态系统，未来的教育将成为人机共生的新家园，将人类与人工智能相结合，使人类的能力达到前所未有的高度。例如，随着人工智能的发展，教学技能将拓展出新的机会，教师的职业内容将更加多样化，也充满更多新的挑战。相信这本书不仅能够帮助我们更深入地了解人工智能，也能够让广大教育界的专家、学者及教师、行业爱好者等读者朋友，深刻洞悉我们人类智能与教育转型的重要性，以及未来教育如何借助网络和人工智能成为现实。

我相信，在人类进化历程中，只有那些能丰富和提高人类意义的创新，才会最终成为文明传承的一部分。站在超级智能的门槛上，我们远望这个充满挑战与希望的未来之路。如同纳撒尼尔·霍桑曾说："智慧，实际上，就是理解——生活中许多事物到底是怎样的。"我们的探索不仅为我们带来技术的进步，更重要的是带来对于智慧和人类能力的更深的理解。

或许，在未来超级智能的世界里，教育会成为奇迹的孵化器，激励着每颗年轻心灵的璀璨绽放。当人工智能的火花在教育的沃土中绽放，一定是它为人类描绘出迈向未来的指引。

目录 Contents

PART ❶
第四次教育革命到来：人工智能改变教育

第1章　催生全球教育变革的新生力量：人工智能 / 003

　　当传统教育被逼入墙角 / 004

　　前所未有的教育革命：被"逼入角落"后如何"打开天窗" / 008

　　人工智能时代的新范式与新机遇 / 011

　　破解人工智能+教育的魔法阵：我们如何应对？/ 021

　　AI之光：全球教育的未来趋势 / 026

第2章　人工智能重塑教育的底层逻辑 / 035

　　教育的本质：获得幸福和拥有快乐生活的能力 / 036

　　我们终其一生的教育，究竟是为了什么 / 039

　　教育的天然属性：拥抱科技 / 043

　　教育的迭代升级：变革创新 / 045

第3章　从适应到超前：解锁个性化教育转型的秘密 / 049

　　转型之殇：智能也疯狂 / 050

数字化转型实践案例 / 054

PART ❷
路径探索：未来教育的AI密码

第4章　人工智能重新定义教育的未来 / 067

什么是人工智能取代不了的能力 / 068

未来，我们要改变什么 / 072

面对人工智能，我们需要抛弃什么 / 074

我国教育数字化转型路径初探 / 077

第5章　人工智能时代，未来教育教什么、教师怎么教 / 083

未来教什么：个性定制目标和内容 / 084

教师怎么教：激发学生个性的学科天赋 / 088

融通未来：构建"人机共育"的新型教育 / 092

"智慧化"建设：打造AI时代的导师 / 095

第6章　AIGC+教育：革新内容创作，智慧教育升级一触即燃 / 101

当教学遇见AIGC / 102

与AIGC高度契合的AI+教育 / 107

拥抱AIGC，开启智慧教育新升级 / 110

AIGC课程的力量 / 113

第7章　ChatGPT+教育："智慧交谈"开启交互式学习时代 / 119

ChatGPT的本质：AIGC的突破性落地 / 120

创新之路的拓荒者：朋友还是敌人 / 127

拨开挑战的迷雾 / 132

ChatGPT未来教育蓝图 / 138

第8章　元宇宙+教育：开启人工智能时代的教学场景革命 / 145

元宇宙，教育数字化的高维阶段 / 146

穿越虚实的学堂 / 149

元宇宙VR/XR课堂，让学习更简单 / 155

元宇宙不是教育的"万能药" / 159

第9章　机器人+教育：重塑学生的思维模式与学习方式 / 163

机器人助力教育：新时代的教学伙伴 / 164

教育机器人的"角色扮演" / 171

未来之师：机器人+教育的发展前景 / 175

颠覆认知的构想：当机器人越来越懂人性 / 179

PART ❸
未来学校：以未来之眼重构高质量教育体系

第10章　未来学校高质量教育体系建设的不同范式 / 185

构建智慧教育新生态，推动中国教育数字化转型 / 186

"智能技术"体系：让人工智能与人类智能在学校教育中

　　协同共生 / 197

"人文艺术"体系：让学校、课堂充满人文关怀和艺术气息 / 200

"社区社会"体系：彻底打破学校与社区的壁垒 / 204

"天地自然"体系：将育人安放在"天地自然"之中 / 206

附录　人工智能+教育的可行性路径探究 / 211

参考文献 / 223

PART 1
第四次教育革命到来：人工智能改变教育

在人类历史的长河中，教育始终是文明进步的重要驱动力。它塑造了无数灵魂，启迪了无数心智，改变了无数命运。然而，随着科技的快速发展，教育也在经历着一场前所未有的革命。在这场革命中，人工智能（AI）扮演了关键角色，它以独特的方式改变着教育的面貌。如今，我们正站在第四次教育革命的浪潮之巅，而这次革命的浪潮将彻底改变教育的内涵与形式。

人工智能是引领新一轮科技革命和产业变革的重要驱动力。当前，人工智能技术不仅正在加速第四次工业革命产业结构重组与经济社会转型，而且在促进人才培养和教育变革方面也发挥着巨大潜力。人工智能作为第四次工业革命的引领性技术，是世界各国提升综合实力的重要引擎，亦是催生全球教育变革的新生力量。

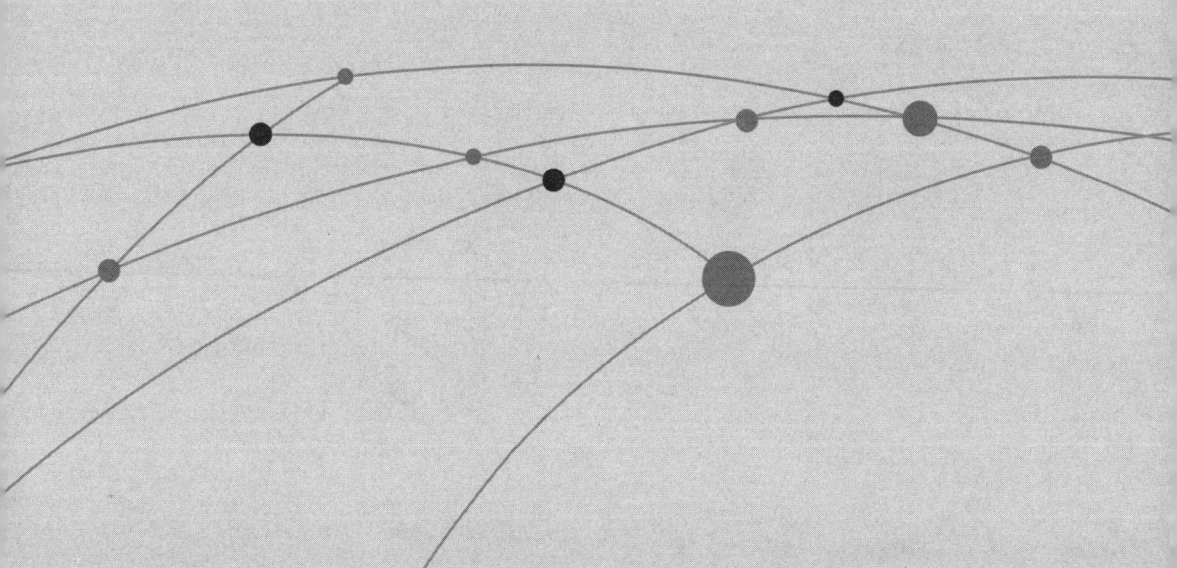

第 1 章
Chapter 1

催生全球教育变革的新生力量：人工智能

当传统教育被逼入墙角

  在古老的教育殿堂里，AI像一位神秘的导师，用其独特的智慧引领着教育的变革。它以精准、高效、个性化的教学方式，打破了传统教育的束缚，赋予了教育新的生命力。无论是微观粒子般的个别化学习方案，还是宏观视角下的整体教学策略，AI都以其深度学习和大数据分析能力，引领着这场教育革命。

  2023年6月5日，《财新周刊》发表了一篇题为《教育企业试水中国版GPT》的报道，内容说的是OpenAI的人工智能工具ChatGPT发展迅猛，引起了投资者的广泛关注，同时论述了由此给教育领域带来的影响，这意味着受冲击的不仅是教育技术，更是教育的底层逻辑。让我不禁感叹，中国的教育界正在默默酝酿着一场风暴。

  随着中国的教育企业不断试水中国版的人工智能，网易有道、好未来、科大讯飞纷纷宣布正在研发"AI+教育"类的产品，同时剑指美国教育家布鲁姆40年前提出的"两个标准差难题"，意在实现过往社会因成本过高而无法实现的、真正的个性化教育。而美国学者布鲁姆研究发现，学生在接受人工智能一对一的辅导后，比传统大班课成绩高出两个标准差。在人工智能的帮助下，也许能在全社会实现过去因成本过高而无法实现的一对一辅导。

  这似乎传递给我们教育工作者一个悲观的信号：我们的传统教育渐渐走

入了死胡同，未来的教育又该何去何从？

上海市宝山区教育局局长张治曾在一场教育沙龙上概括人工智能带来的全方位震荡：**我们不知道未来需要培养怎样的人才？不知道未来需要具备哪些核心能力？也不知道过去重视的听说读写、推理运算能力是否还有用……**

更有甚者，我听到过更加悲观的声音："传统学校培养学生的方式，根本和OpenAI训练ChatGPT的方式是完全一样的，这样学生将来怎么可能竞争得过人工智能？我们应该给孩子培养什么样的能力，才能在未来驾驭、超越人工智能？"

● 人工智能正在颠覆并重塑传统行业

横空问世的人工智能冲击了人类的思维方式和生活方式，也正在重塑许多行业。

例如，在教育行业，人工智能已经开始创新传统教学模式，提供更个性化的、高效的学习体验。一个典型的案例是智能辅导和个性化学习平台，例如中国的一些在线教育平台。

传统教育面临的问题之一是教育资源的不均衡分配，以及对每个学生独特的学习需求的难以满足。智能辅导系统通过分析学生的学习行为、能力和兴趣，以及实时反馈，能够为每个学生提供个性化的学习计划和教学内容。

这些系统利用机器学习算法，根据学生的表现调整教学内容，确保学生在适当的学习水平上。同时，它们还能够提供实时反馈，帮助学生发现并修正学习中的问题。这种个性化学习方法有利于提高学生的学习效果，使教育变得更加普及和可及。

此外，虚拟现实（VR）和增强现实（AR）技术属于教育领域的触控崭露头角。通过这些技术，学生可以沉浸式地体验学习内容，从而更好地理解抽象概念。这种互动和实践性的学习方式有利于提高学生的兴趣和参与度，促使他们更深入地理解知识。

总的来说，人工智能在教育领域的应用使得学习更加个性化、高效，为传统教育带来了一场革命。

在这场革命中，以2023年迅速火遍全球的ChatGPT为代表的人工智能，更是被视作人工智能发展史上迄今为止最为先进的自然语言处理工具。作为一款生成式人工智能软件，今天我们应用到的人工智能能够处理图像和文本输入并产生文本输出，具有广泛应用的潜力，如自然语言对话、文本摘要、机器翻译、图像生成等，可以根据议题完成包括回答问题、写作业、撰写论文、写演讲稿、写作诗歌在内的多种工作。

这意味着，"中国式刷题"的传统教育模式在未来教育中将无优势可言。因为人工智能的做法就是和刷题一样，先吸收所有的例子、所有过去的考卷、所有过去的解法，再找出最合适的答案。我们中国的学生刷题也是这样的逻辑。有很多学生，他们准备考试的方法就是把所有的题型多次练习、反复练习，希望考试的时候，每一道题他都见过，并且练过很多次的题型，这样就能用最自然最快速的方法把它做好。

所以，如果你多多少少运用过ChatGPT或是其他人工智能软件，你会明白我为什么这么说。通俗地说，人工智能做的事情就是先收集很多语料和数据，如果你开始和它对话，它就会开始计算，根据数据库里已有的对话，回答什么词或者句子的概率是最高的，也就是从人的角度看起来最自然的。

那么，在这种模式下，学生只会像一个机器人，而不像一个善于思考的人。靠刷题取得成绩，只需要看过足够多的题型，有很强的记忆力即可。然而，在这个过程中，他没有获得真的知识，不是在动脑，也不会带来新东西。

我再举一个例子。在过去用座机打电话的年代，我们都需要记住很多电话号码，我需要知道我家里的电话号码、朋友的电话号码、学校的电话号码等。别的人也是一样，每个人的头脑里都有很多电话号码。

现在的人还记电话号码吗？不记了。因为我们有软件，有人工智能来帮我们记无数个电话号码。

那么，相比人工智能，人的优势是什么？我觉得人的优势在于，我们能够创新。面对新的情况，人不只是依靠以前的方法和模型，而是能够想出新的思路。这种能力和思维的锻炼是分不开的。所以，重要的是教孩子思考问题的方法。

近几年，我去全国各地学校访问或讲学，这个过程中也有幸接触到了来自世界各地的学生。我觉得中国的学生大部分学习只是为了准备考试，而考试都是有套路的。只注重学习数学的解题套路的学生，在答题的时候也只是照搬过去的方法，解答那些似曾相识的题目。

前段时间，我看到有位老师公开发表言论，他认为"人工智能将使中国的教育优势荡然无存"，理由是中国的教育体系看重传授知识，不看重兴趣和创造力的培养，而人工智能对知识的掌握要比人强很多。我认同这个说法的一部分，毕竟刷题的模式只能让大部分学生记住知识和套路，学不到思考问题的方法，而太看重考试只会压抑孩子对学习的兴趣。

有一次，我在一所学校听课时，到提问环节，没有一个学生举手发言，而国外学生都很愿意提问。此外，在美国因为中学和大学没有统一的入学考试，教育就更重视锻炼学生的思维能力。其实，美国普通的教育也有同样的问题，孩子很难学到思维的能力。因为如果真的要教孩子怎么想，你必须要在课堂内外给他们足够的时间，这不是一件容易的事。

此外，我还发现，现在很多学生不习惯在课堂上主动想问题、想办法。我也看到过一些培训机构，他们自称在教思维能力，但课程内容是老师先去解释几个独特的思维方法，然后让孩子来模仿那些方法，这其实也不是在教思维。

不可否认，人工智能给我们带来了一系列便利，譬如根据议题完成包括回答问题、撰写论文、诗歌在内的多种工作，甚至会写作业、写论文、写演讲稿……以ChatGPT为代表的人工智能的确在很多领域表现出了非常强大的能力，但另一方面，它也暴露出一些问题，比如可能会给抄袭、作弊提供便利。

某大学的一次考试，要求学生们写一篇人工智能对未来教育的影响的论文。一名学生利用ChatGPT写了一篇论文,并在考试中获得了高分。后来,这名学生的行为被教授发现,因为ChatGPT生成的文本与正常的学术写作有很大的差异。

这个案例表明,人工智能在教育领域中的确可能被用于作弊。然而,这并不是人工智能本身的问题,而是使用人工智能的人的问题。如果学生们用人工智能来作弊,那么无论是在考试中还是在学术写作中,他们都会面临被识别的风险。因此,教育机构应该采取措施来防止人工智能被用于作弊,例如加强对学生使用人工智能的监管,以及提高教授们的识别能力。

此外,我们也需要认识到,人工智能只是工具,它不能替代人类的思考和创造力。虽然人工智能可以完成很多工作,但它并不能代替人类在某些方面的能力,比如创新思维、情感理解等。因此,我们不能完全依赖人工智能来完成所有的工作,而应该将其视为一种辅助工具,用来提高我们的工作效率和质量。

一想到这些,我就和所有渴望变革与创新的教育工作者一样陷入了深深的思考:面对人工智能技术的崛起,教师会被人工智能所取代吗?人工智能会导致学校里作弊盛行吗?教育界该如何应对?

前所未有的教育革命:被"逼入角落"后如何"打开天窗"

人工智能对教育界的改变,有可能是人工智能对人类社会未来最为根本的改变之一。对此,各界呼声与热议不断,绝大多数人认为,是人工智能把教育逼到了墙角!接下来,人工智能究竟会对教育产生什么影响?当人工智能技术与教育深度融合,将会产生怎样的火花?人工智能如何改变传统教育?全球最新人工智能技术,有哪些新变化和最新思考?未来,教育产业技术创新还有其他机会吗？

在我看来，教育会有一段时间的不适应，比如学生会用它来找答案，甚至直接用它来写论文。我认为新的技术出来以后，需要的是更高层次的学习内容和新的思维能力的构建。从这个角度而言，**人工智能的出现，应该是教育自身改革的一次重大机会，只有多样化才能探索出教育新的生长点。**

●争论不休的议题——人工智能究竟是"对手"还是"队友"？

我在过去的一年中走访调研发现，已有学校或教育机构针对人工智能可能在教育中带来的连锁反应，给出了明确的回应。比如已有多所公立学校宣布禁用ChatGPT等应用软件，多家国内外期刊机构声明，暂不接受任何大型语言模型工具，也禁止将人工智能列为论文"合著者"。

对教育来说，人工智能到底是敌是友？这个讨论自我打算创作本书之初就被大家热议，一方担忧新技术会带来更多难题，另一方则对新技术带来的新教育教学格局充满期待。归结起来，颇具代表性的观点如下：

知乎创始人、董事长兼CEO周源说："就像第一次看到飞机飞起来、汽车跑起来，一方面大家很兴奋，没见过；另一方面会担心汽车乱跑怎么办，会不会撞到人家里去，这其实很正常。新技术从取得突破到大规模民用，还会再经历一个基础设施建设的阶段，需要突破'最后一公里'的建设。但是我对技术创新一直是非常乐观的。"

人工智能应用对教育的冲击和影响并不是一个新问题，此前"双减"政策中就提及要治理中小学生滥用"拍照搜题"这一现象。不少代表委员担心，盲目使用类似拍照搜题、ChatGPT等智能技术，会严重惰化学生的独立思考和自主学习能力。

此外，南方科技大学校长薛其坤和同事做过关于人工智能的调研，在他看来，人工智能的出现是在长期基础研究基础上多学科交叉后的重大发展，但它仍然是现有知识的整合，并没有突破现有的知识框架和研究成果。至于它到底是敌是友，他打了个比方："就像核能，如果利用得当就可以作为能源造福人类；如果不正确使用，就会给全人类造成灾难。"

也有不少专家学者认为，就教育系统中某些特殊和具体的应用情形，由于人工智能的使用引发的不良反应并不能说明太多问题，这只是短期阶段学生们的新奇尝试，很难说会变成一种长期行为，管理部门出台限制措施还为时尚早。而对于中国而言，该软件的使用所能引起的不良后果也尚未显现。

实际上，一些人夸大它的颠覆性，另一些人则低估它的冲击，这两种极端观点都应该避免，我们应该更加客观中正地看待这一新事物并使其为我们所用。

● 面对困局——顺势而为还是"天窗紧闭"？

2022年3月，中共中央办公厅、国务院办公厅印发了《关于加强科技伦理治理的意见》，将人工智能作为需要加强科技伦理治理的重点领域之一。当前，我国人工智能领域伦理治理仍面临诸如存在知识产权侵权、生成虚假信息、算法"黑箱"、隐私泄露等争议。以教育数据隐私问题为例，人工智能需要联网工作，存在隐私泄露和侵权的风险。教育数据如果被滥用，可能伤害未成年学生。这意味着，人工智能会涉及伦理道德、知识产权和学术不端等问题，下一步需要认真研究怎么利用人工智能服务人才培养，教育部门应该在政策上作出相应的调整。

同样，在数字化转型的过程中，新技术的出现也有可能扩大教育的不公平。不同地区的网络质量、设备配置水平等参差不齐，教师的数字素养差别很大，学生获得智能技术教育红利的能力存在地区差别。目前，人工智能冲击的人群主要集中在大城市，可能造成新的地区教育数字鸿沟问题。

可以说，当前我国人工智能领域伦理治理仍面临不少问题。在制度方面，可落地实施的法律法规比较欠缺，合规底线和惩戒力度不够明确。在管理方面，缺乏统筹的问题比较突出，职责分工不够明确，伦理治理审查与监管仍存在空白。

因此，对于这样的人工智能技术浪潮，既不能过于担心、一禁了之，也不能毫不担心、放之任之，而是要积极稳妥地推进人工智能技术赋能教育。比如对于教育数字化的推动，应采取渐进且可持续的方式。数字化并非促进教育变革的唯一手段，更不是教育变革的全部内容。应用智能技术并非总是推动教育进步。教育数字化转型要分步骤、分阶段推进，在运行中及时听取各方意见，不断调整、修正甚至重构推进方案。学生使用人工智能软件写作业或写论文等问题，相信经过针对性调整后，很快会得到解决。

我很赞同北京某校长提出的一个观点——未来有三种人：智能人，创造智能的人和使用智能的人。的确，教育要特别增强人和人工智能打交道以及控制人工智能，让它发挥为人类和人类生存环境服务的能力。我相信，未来不是属于人工智能的，而是属于掌握人工智能的新人类的！

人工智能时代的新范式与新机遇

面对迅速到来的技术变革，一种有效的应对策略是深入剖析：探究事物的内在结构和其发展体系；辨别什么是保持稳定不变的，什么是需要历经变化的，以及新现象是如何形成的。

委内瑞拉的经济理论学家卡洛塔·佩雷斯认为，若涉及一项技术（例如冶金、高速公路、汽车等）对每个人和整个社会产生广泛影响，其发展往往以80年为周期，划分为四个阶段：爆发阶段、狂热阶段、协同阶段和成熟阶段。

当前，我们正身临大模型时代的早期阶段，虽然经历了快速增长，但泡沫破裂似乎是不可避免的。然而，乐观的是，在泡沫破裂之后，新的曙光将会到来。届时，新一代更为强大的企业将从破碎的泡沫中崛起，占领产业制高点，开创一个全新的时代——也就是当前我们所处的人工智能时代，在这个时代里，OpenAI 生态快速形成。

● 新时代：OpenAI生态快速形成

如图1-1所示，在这一次产业发展的格局中，新一代的数字化产业处于领先地位，发挥着关键作用，而这一生态系统的引擎则由OpenAI主导。

这个生态系统具有以下两个显著特点：生态结构迅速形成，且高速发展；生态结构类似于过去的数字化平台，包括前台和后台。

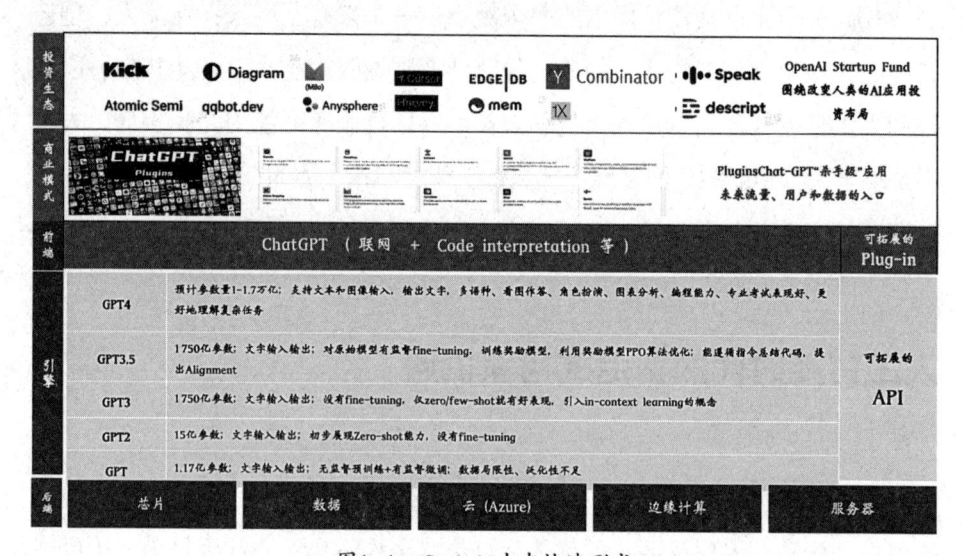

图1-1　OpenAI生态快速形成

图片来源：2023年陆奇《新范式 新时代 新机会》主题演讲分享

1. OpenAI的后台

后台以GPT-N系列为代表，目前是GPT-4。内部配备了强大的模型引擎，具备丰富的知识推理和规划能力，开发和扩展性极强。OpenAI提供Foundry和PlayGround等服务，包含API和简洁的收费模式。与此同时，许多第三方基于OpenAI后端开发各种服务和应用。

2. OpenAI的前台

前台是ChatGPT。

ChatGPT提供全面的用户体验，适用于各类用户，能够解决各种问题。这是人类历史上首个真正实用的自然语言处理工具，具备足够的灵活性和内置知识。

前台具有生态扩展性,即"ChatGPT插件",OpenAI已经推出了多个插件,如Code、interpret等,具备成为未来"杀手级"应用的潜力。许多第三方将会利用这些插件开发各种前端应用。

在OpenAI平台上,已经涌现了早期产业的活跃发展,形成了一些初步的热门领域。

●OpenAI生态对当今时代的影响

在这次产业发展的格局中,最为关键的是新一代数字化产业,对每一个职业都将产生深远的影响,因为每个职业本质上都是模型的组合。

可以预见,每个职业的从业者都将开始利用"副驾驶员"(Copilot)。随着副驾驶员能力的不断增强,它将演变为"正驾驶员"(Autopilot),最终我们将迎来一个"驾驶团队"(Copilot team)的时代。在这个时代,无论我们身在何处,各类"驾驶员"都将伴随我们而行。人们之间的合作将演变为人与人之间,以及人们的"驾驶员"之间的协作。新的职业将崛起,工作岗位也将发生巨变。

在这场变革中,最前沿的将是下一代数字化产业。数字化作为人类活动的延伸,新的商业价值创造必然从数字化产业开始。我们将迎来全新的核心技术堆栈、新的平台、新的基础设施、新的算力体系、新的通讯体系以及新的产品开发体系。以大模型为核心,整个数字化产业将全面升级和刷新,迅速迈入下一个发展阶段。在这个过程中,新的领军者和落伍者将迅速浮现。

这场变革将系统性地影响每个行业,促使它们根据特性进行结构性的调整和转型。公司的CEO可以通过比较人工和模型的成本,进行系统性的重构和调优,降低成本,提高产能。GPT作为基础设施,其从边际成本转移到固定成本的过程,将帮助我们理解产业的变化方向和速度。

在市场和社会方面,这一变革将深刻地影响人类社会的基本生产力:人。教育领域将经历根本性的变革,人力资源的发展和配置将改变并加速,科研领域将迎来新的范式，社会组织和信息传播也将受到深刻影响，政府与社会监管方式也将随之改变。

政府更早、更活跃、更多维度的参与是不可避免的。从OpenAI的发展可以看出，政府早早地从多个维度参与其中，包括监管、安全、数据隐私、社会稳定等。这是因为这次变革从根本上影响了生产力和生产关系。在早期阶段，社会产业和政府需要更多的互动，以扶持和引导基础设施的全球发展。

总体而言，这一变革对人类社会的生产关系和社会关系产生了本质性、长期的影响。对于教育、科研、文化和文明等方面都带来了机遇与挑战。

首先，对于教育而言，大模型的出现在社会方面带来了与国外相媲美的重大影响。教育的重要性不言而喻，在过去的全球竞争格局中，中国以庞大的学生体量、众多的码农和丰富的学科学人而著称。然而，随着大模型的出现，这一局面发生了根本性的变化，给我们带来了全新的挑战。然而，挑战的背后也蕴含着机会。对于中国未来的教育发展，我们需要深入思考和探讨。

其次，对科研的影响尤为显著，特别是在产学研更为有效的结构性组合方面。这为中国提供了在科学发展基础上更多加速创新的机会。在未来的科研格局中，我们面临着新的机遇，第四范式和第五范式将以数据和计算为驱动，而中国的产学研体系有望迎来全新的组合和发展。

最后，涉及文化和文明的层面，这与语言和文化的深厚底蕴息息相关。大模型代表了每个国家的基本文明，而这一次大模型为先的创新，为我们在文化和文明领域提供了更多进一步深化的机会。我们有机会通过大模型的创新，更好地契合中国传统和文明的特色。这一领域的创新不仅是一次技术上的进步，更是对中国独特文化传承的一次深刻发展。

因此，如何在人工智能时代发展教育、科研、文化等，值得我们深入思考。

● 从更高维度洞见新范式与新机遇

范式通常指的是一种发展模式，包括观念性的思考框架、实践体系和方法论。目前，我们正迎来一场巨大的技术变革，即一场范式的变革，它呈现出全新的面貌。

每次范式变革都伴随着更多的机遇和挑战，因为它不仅要改变人们的行事方式，也要改变人们的思考方式。有些变革并非范式的彻底改变，而只是新技术的变化。在这种情况下，我们仍然可以沿用原有的思维方式来实践。

然而，这一次的范式变革影响更加广泛、更深刻、更全面。我们必须在改变思考方式的同时，改变实际操作的方法。这是一场更为深刻的变革，要求我们在技术演进的同时，全面调整我们的思维模式和实践方法。

1. 新范式的新拐点

"三位一体"是我们用来分析当前范式变革的稳定内在结构体系，该概念基于复杂学理论的提出，具体如图1-2所示：

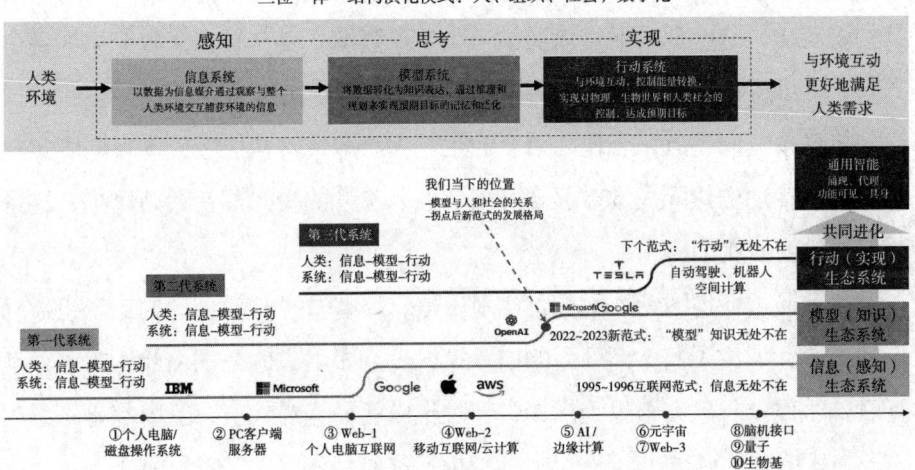

图1-2 "三位一体"结构演化模式

在复杂学理论中，每个个体、组织、人类社会以及数字化系统都被视为复杂体系。任何复杂体系都包含三个关键系统，具体如下：

信息系统（subsystem of information）：这个系统要求体系能够从外部环境中获取必要的信息。

模型系统（subsystem of model）：使用模型对获得的信息进行表达。这种表达必须充分有效，以便进行推理、分析和规划。

行动系统（subsystem of action）：根据推理和规划，通过与环境互动，实现复杂体系的目标。

采用这个"三位一体"的结构，我们能够清晰地分析当前数字化产业发展的拐点，以及新范式在本质上的特征。

（1）第一个拐点：信息无处不在

在1995~1996年这条曲线上，涵盖了诸多公司，包括IBM和微软。我们可以清晰地看到，1995~1996年发生了一个巨大的拐点。在这个拐点之后，信息系统经历了爆炸式增长，涌现出了众多伟大的企业，如谷歌、苹果、亚马逊等，彻底改变了世界。

为何会出现这个拐点？其背后的机制是什么？

通常情况下，要使产业发生根本性的变革，背后的驱动因素往往是成本结构的变化，这些成本通常涉及某一类生产资源，是一种贯穿我们生活各个方面、不可或缺的生产资本。

信息系统的拐点，表现为信息的生产和获取成本从边际成本转向固定成本。每次使用的边际成本在逐渐降低，但一次性的投入却在逐渐增加，这是一种结构性的变化。

谷歌通过使地图无处不在，实现了信息的普及。其他大量的信息也随之无处不在，形成了简单而强大的商业模式。众多强大的公司由此诞生，移动互联网时代以谷歌和苹果为代表，云时代以亚马逊为代表，这些都是一系列核心技术驱动的变革，可以高效浓缩和分发信息。

因此，拐点出现的核心原因是，信息的获取成本从边际移向固定成本，使得信息变得无处不在，世界因此而变得扁平。

（2）现在的拐点：模型无处不在

我们目睹了2022～2023年这条曲线上的这个拐点，由OpenAI和微软引领，同时其他初创公司也积极参与创造。

这个拐点的背后是"模型"成本发生了类似的结构性变化，即模型成本从边际成本逐渐发展为固定成本。这一变化的推动力是一项新的基础技术的涌现，被称为"大模型"。

为何模型的结构性成本如此重要？

因为模型即为知识。无论我们从事何种活动，都需要知识，而模型作为知识的表达形式，具有巨大的潜力。相对于信息时代，模型的产能更为强大，发展速度必然更快。

另一方面，模型与每个人都密切相关。从社会互动和社会产业价值的角度来看，每个人都由以下三组模型组合而成：

> 认知模型，我们具备听觉、视觉、语言和思考的能力。
> 任务模型，每个人都能通过各种各样的动作来完成任务，比如爬楼梯、剥番茄等。
> 领域模型，人们在社会中具有各种不同的社会角色，如律师、医生、科学家等，我们的社会价值通过这些领域模型体现出来。

此外，人类社会中的每一件事情都由模型来表达和推动。例如，运营一家公司需要一组模型，包括战略、营销、研发等；城市管理需要一组模型；国家治理也需要一组模型。每个社会层面需要解决的问题都是由相应的领域模型、任务模型和个体模型组合完成的。这标志着模型已成为推动社会发展和问题解决的核心引擎。

在大模型技术迅猛发展的时代，一个显著的趋势是：在缺乏独特见解、认知或问题解决能力的情况下，每个人所能做到的事情，大模型都可以胜任。

这一次的拐点将比1995年、1996年的信息革命发生的速度更快。模型将无处不在，知识将无处不在。今天我们打开手机或任何设备，迎接我们的是信息；未来，打开任何设备，我们将迎接的是模型。医生的诊断、律师的服务、设计师的创意、艺术家的表达，无论方向如何，模型都将无处不在。

与此同时，一系列伟大的公司将因此崛起。它们将面临固定成本，创造新的商业模式，最终推动整个产业经历一场深刻的变革，塑造崭新的世界。这正是2022~2023年这条曲线拐点所象征的。

这个拐点的发展只是时间问题，而且它的发展速度将比我们所能想象的还要快。我们正迅速走向一个知识普及、模型无所不在的时代。

（3）下一个拐点：行动无处不在

基于"三位一体"的结构，我们可以自然地得出下一个拐点是什么，毫无疑问，下一个拐点是行动系统。

当今的大模型时代是生成模型的时代，它能有效地控制各种设备；而下一个拐点将是基于机器人、自动驾驶和空间计算的组合。当前采取行动的成本相当高，但通过大模型的互动，未来采取行动与环境互动以满足人的需求的成本将会逐渐降低，行动将无处不在。

在引领下一个拐点的道路上，特斯拉目前处于非常有利的地位，因为它在机器人技术、自动驾驶技术、人工智能技术等方面的整体布局相当完整。其他公司是否会参与并抢占下一个拐点？这是我们拭目以待的问题。

（4）未来的可能性：数字化技术和人类社会一起共同进化

通过对数字化"三位一体"结构的分析，我们能够清晰地看到当今新范式的走向。这个新范式的终极目标是数字化技术与人类社会共同进化，这种共同进化从长远来看将带来真正智能的系统。

真正智能的系统必须具备四个核心环节：

第一，具备自我组织和自我优化的能力，在特定环境中能够自发地形成和调整结构，而非由某个中心控制器编程或设计；

第二，具备自主决策的能力，能够代表用户或实体独立地进行决策和执行任务，而不仅仅是简单地响应外部指令；

第三，具有设计原则，能够让用户直观地理解如何与系统进行交互；

第四，具有形象和直观的表现形式，易于用户理解、感知和操作。

不难想象，在这个时代里，一个全新的价值体系将崭露头角。在数字化能力的推动下，加上Web3的存在，未来的时代里信息将无处不在，人们将自由自在地移动，经济基础也将发生改变。而范式带来的挑战和机会在于我们需要适应新的思考方式和实践体系，以更好地把握未来的机会。

2.新时代：中国机会

那么，新时代为我们带来了哪些机遇呢？具体如图1-3所示：

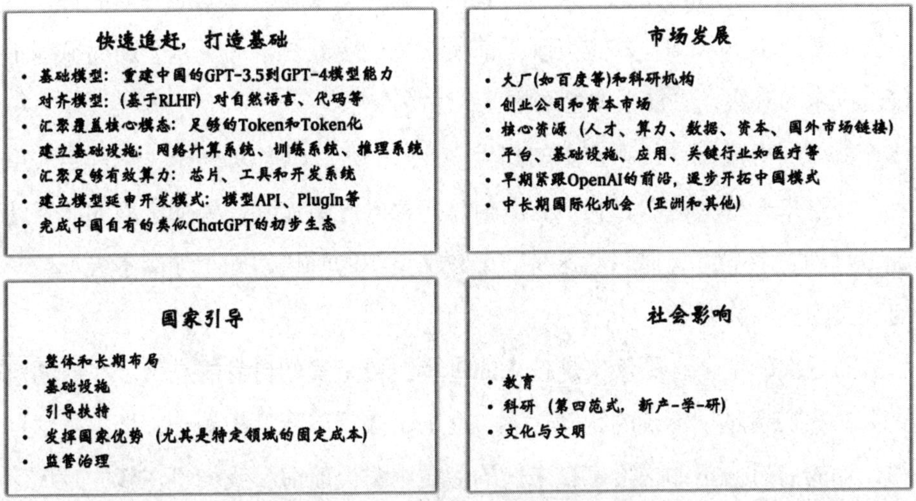

快速追赶，打造基础
- 基础模型：重建中国的GPT-3.5到GPT-4模型能力
- 对齐模型：（基于RLHF）对自然语言、代码等
- 汇聚足够核心模态：足够的Token和Token化
- 建立基础设施：网络计算系统、训练系统、推理系统
- 汇聚足够有效算力：芯片、工具和开发系统
- 建立模型延申开发模式：模型API、PlugIn等
- 完成中国自有的类似ChatGPT的初步生态

市场发展
- 大厂（如百度等）和科研机构
- 创业公司和资本市场
- 核心资源（人才、算力、数据、资本、国外市场链接）
- 平台、基础设施、应用、关键行业如医疗等
- 早期紧跟OpenAI的前沿，逐步开拓中国模式
- 中长期国际化机会（亚洲和其他）

国家引导
- 整体和长期布局
- 基础设施
- 引导扶持
- 发挥国家优势（尤其是特定领域的固定成本）
- 监管治理

社会影响
- 教育
- 科研（第四范式，新产-学-研）
- 文化与文明

图1-3 新时代的中国机会

面对这些可能的新机遇，我们要做到以下三点。

首先，强烈建议不要盲目追逐热点。浮躁可能导致不利后果，尤其是在这次技术变革中，由于涉及范式的转变，需要改变思考方式和执行方式。盲目追逐热点可能会带来高昂的代价，包括机会成本。

其次，要保持学习的积极性。这次技术变革相对复杂，建议广大从业者阅读必要的论文。仅仅依赖他人的解读可能无法深入理解，必须花时间深入研究关键论文，克服惯性思维。《科学发展的范式》是一本值得一读的书。

一般大的范式，过去难以克服惯性思维，包括深度学习，因为这是不同的思考体系，所以务必尽量克服惯性思维。

换言之，深度思考至关重要。务必认真思考这次技术变革对个人和事物的影响。这是一场无法逃避的挑战，需要认真对待。

最后，采取行动是必须的。一旦理清思路，要迅速采取行动。这次技术变革不进则退，涉及结构性的改变，需要及时调整。在人际关系方面，这次技术变革可能会拉大人与人之间的距离。因此，一旦明确了方向，就要果断采取行动，否则很快就会掉队。在竞争中，你可能会发现与你同时起跑的人可能会迅速拉开距离，所以要随时调整策略，确保跟上时代的步伐。

在人工智能时代的新范式中，我们如同探险家在未知的海域里航行，虽然会面对巨浪和风暴，却也发现了前所未见的宝藏和群岛。这个新的航程不仅是技术的升级，更是人类思维的飞跃。

就如同海浪汹涌，新技术的拐点一波又一波，我们每一个决策都至关重要。在这未知的大海中，我们看到信息之海的无边无际，模型之岛的崭新建筑，行动之港的灯火通明。这是一个数字文明的时代，知识如潮水般汇聚，与人类的智慧共舞。

而这次的变革，不仅仅是技术的进步，更是我们自身的进化。在新的范式中，我们超越了传统的认知边界，迎来了知识与智慧的融合，拥抱了数据和计算的力量。正如探险家在未知的海域中学会航海，我们也在新的时代学会了以更智慧的方式思考、决策和行动。

新机遇如同星辰般闪烁，只等我们去勇敢追逐。在这片数字化的天空下，我们可以描绘出新的轨迹，创造出前所未有的价值。正如航海家在星空中找到了方向，我们在新范式的引领下，找到了通往未来的大门。

破解人工智能+教育的魔法阵：我们如何应对？

自从人工智能引发轰动以来，整个教育界深刻地意识到它会改变整个教育体系，于是大家开始动起来了。

我曾与一位商学院的教授在咖啡馆聊天时，看到旁边有一个学生一直把自己的功课复制粘贴到手机上，然后把软件中的答案抄下来。此时的他不是在学那门课，而只是想求个"好成绩"。

此类情况在国外的学校里同样常见。我看过一篇文章里说，美国某学院一位研究计算机课程的老师估计，他课上30%的学生都在用人工智能来完成功课。

● 国外的应对方式

美国教育界对人工智能的争论颇多，尤其是关于如何管理人工智能。有人积极拥抱人工智能，认为这会改变课堂，给一些没有教育资源的人机会。有的人认为这会导致作弊，应该限制甚至禁止它在学术圈和课堂里的使用。

也有些机构对人工智能比较积极，美国可汗学院曾给很多人发了邮件，说它们已经和人工智能合作，推出了一个人工智能辅助学习的工具。按照它们的设想，这个工具会成为人工智能助教，帮助老师们制定课程计划、批改作业，并且通过对话的方式为孩子提供一对一的辅导。据悉，现在这个项目还只是对少部分用户开放，但计划在不久的将来让数千人加入，甚至推广到全国的学区。

对此，我的看法是，人工智能带来的变化其实是不能避免的，所以也不需要去禁止它。我们需要做的是改变规则，建立一个比较健康的架构。

美国的另外一位教授认为，他会善意地提醒大家应该跟别的同学一起合作完成功课，功课是给学生练习的，而老师批改功课也不是为了给分，而是了解大家对学习的掌握情况。决定成绩的，90%是最后的考试。他认为，在未来，大学里的其他课程可能也在改变，期末考试或者面试占分值的比重会增加。未来，无论是工作还是上学，面试都会变得更重要。如果一个学生平常一直通过人工智能偷懒，没有学会新的东西，也没有锻炼表达的能力，他的问题会暴露得很明显。

为此，教授认为，以后大学申请应该随之调整，书面材料可能会变得不那么重要，因为这些东西人工智能都能写，推荐信和面试会变得更重要。

●我们应该如何应对？

在新的时代，人如果想要和机器竞争，保住自己的工作。就必须提高人特有的思维能力，想出新办法的能力。我们不能只是让人工智能一直变得更强，也必须想办法大幅提高人的智力、创造力和想象力。

我举个简单的例子。

我们可以从数学角度来看这个问题。人工智能的目标是什么？是面对提问，每次给出最大概率出现、最自然的解，所以它的运作思路和人想出新办法的能力是完全相反的。人在这方面的能力，人工智能没法替代。

而培养人的思维能力，让人想出那些创新的，奇奇怪怪的新方法，其实也是非常难的。开始解决问题的时候，我们可以从很多不同的方向入手。

当我们走出第一步之后，如果面对的是一个难题，那第二步的选择同样会很多。不同的选择会像一棵树一样，枝叶的数量呈指数增长。即使是算力强大的电脑，也不可能尝试每一条路径，比较所有结果的优劣。

说到底，人的价值在于，如果你几十年都在研究一个领域，那么就会积累足够的经验，这会让人形成一种直觉，虽然有很多路径，但专业的人能看出哪些是走不通的，哪些是比较好的。思维的锻炼可以帮助我们更好地利用这种直觉，知道面对一个新出现的问题，做哪种选择才最可能解决它。

我认为我们还要等很久，才能看到人工智能接受和运用这种思维方式。即使想把这种能力教给人工智能，难度同样很大。所以即使现在的人工智能再发展，这些思维能力强的人还是不会被替代。

未来的中国乃至全世界的学生，需要的是能够想出新办法的能力，不可以只是做以前别人做的东西。我们不能像人工智能一样，只是说出最普通、最自然的句子，应该想到那些没人想到过的句子才对。

至于如何应对，追根究底，我们还是要从根本上改变传统教育的方式，而且越早越好。我在访问期间，偶尔会遇到一些学生，我发现他们从没练习过如何产生新的想法，是真的不习惯。因为他们的头脑已经装满背的、练的东西，所以他们不习惯去想、去思考。他们只需要我告诉他怎么做，这让我感觉有些悲哀。

如果是我，我不会告诉学生们应该怎么做。相反，我让他们自己来探索，每个人都把自己想到的思路写在黑板上，并且标上序号。即使没有一个人能一下得出完整解题方案，他们看到黑板上的各种思路，就会想到某几个思路可以结合在一起解决这个问题。

所以同一道题，在不同的班级会得到完全不同的解法，因为那是他们自己的解法，不是我的解法。学生的感觉也不只是在听，而是真正地感受到自己在参与。而且他们学会之后，在面对类似的题目或不同的题目时都会有帮助。在课堂上头脑风暴的时候，他们尝试了很多错误或者绕远的解题路线，也就知道如何选择，才能更近距离地解决问题。

有时候家长可能会觉得这样做是绕远路，应该直接告诉孩子们答案。让孩子们来尝试、来主导，用这样的方式上课，做一道题的时间够孩子在家里刷好几道题目，记好几个知识点。但我想说，这还是为了考试。用这种方法，孩子的思维得不到任何锻炼。

● 直面未来教育，机遇和挑战并存

不可否认，人工智能正在以其强大的功能和快速的发展改变着教育的历史叙事。对学校教育而言，它所带来的机遇和挑战并存，我们教育工作者既要积极拥抱人工智能等新一代人工智能，也要谨慎预防可能出现的风险。

1. 人工智能为重建学校教育生态与模式创造机遇

人工智能与学校教育的深度融合，将为重构学校教育生态、重塑教与学模式创造更多机遇。

其一，人工智能能够推动学校构建新的教育生态。比如，我们所熟悉的ChatGPT是关于大数据的处理、存储、传播、呈现和使用的技术，作为新一代人工智能技术，它有助于学校快速深入推进教育数字化转型，为学校重建教育生态、创造新教育图景提供良好契机。

而在学校教育中，人工智能可以拓展师生互动方式和丰富信息获取形式，改变传统的教与学场景，实现教学方式的深度变革；可以通过人工智能生成技术促进开放式学习和知识科技集成，开展基于深度学习、自动化学习的个性化学习；可以借助机器学习技术对教育教学进行更加动态、精准地评估和诊断，提升学校教育的精度、效度；可以综合人工智能技术与各类学习行为的交互作用，推进教育互动化，改进管理方式，提高学校管理效率。

其二，人工智能能够重塑教与学形态及其之间的关系。

西班牙哲学家奥尔特加提出，技术是人性的一个本质要素，"人通过技术这一行动系统，力图实现人本身这样一种超自然的筹划"。的确，在人工智能技术的导入支撑下，教师的教、学生的学及两者之间的关系将面临变革与重塑。

首先，人工智能作为一种聊天机器人技术，可以根据会话内容帮助教师深度分析学生的学习情况，为学生学习提供全面精准的指导；可以帮助教师使用机器学习技术收集教学内容，为学生提供即时反馈和支持；可以帮助教师开展人工智能辅助教学，丰富教学内容，助力学生实现个性化学习。

其次，人工智能作为一种深度学习模型，可以通过建立信息访问和传递流程帮助学生进行自主学习及自我评估；可以帮助学生高效利用时间，快速表达、优化自己的想法或学习成果；可以帮助学生完善知识集成方式，实现深度学习和自动化学习，提升学习体验和质量。

再次，人工智能作为一种自然语言处理技术，可以帮助师生理解文献内容，发现文本中的潜在关系并提供相应的结论；可以帮助师生高效完成文本修改，快速生成新的内容；可以协助师生对重要文本进行精细检查，校验文章中证据的正确性和充分性；可以对现有的学术文章、成果等进行分类综述，以识别未来的学术趋势和发展方向。

2. 人工智能对学生发展和教育伦理提出挑战

人工智能的"超能力"若被无差别、无限制地应用在学校教育中，必定会引发诸多负面效应，对此，我们必须引起足够的重视和警惕。

其一，人工智能的滥用会降低教育本体价值。比如，ChatGPT一诞生就因其强大而诱人的功能备受学生欢迎。很多学生用其来辅助做作业、写论文、创作诗歌与小说、回答问题，甚至用于考试作弊等，引发了社会的高度关注和担忧。可以说，人工智能会使部分学生获得一种非理性依赖，可能弱化学生独立思考问题和解决问题的能力，影响学生的价值认知与品格形成，进而阻碍学生发展，降低教育本体价值。

其二，人工智能的"副作用"会对教育伦理带来挑战。人工智能远不是完美无缺的，它可能带来的作弊、制造虚假消息、提供不良行动计划、将别人的劳动成果据为己有等问题，并可预见将对教育伦理带来一系列挑战。也就是说，人工智能产生的影响已然超出其制造者或使用者的初心，而且"有可能渐渐会抹平一切制造活动的价值，使制造个别事物不再具有什么意义"。技术是一把文明的双刃剑。法国社会理论家埃吕尔将技术发展视为"时代的赌注"。我们如果能将人工智能作为助手而非威胁，能以"共生思维"而非"替代思维"看待人与机器的关系，教育将获得更多全新的发展机遇。

例如：学校主动将人工智能融入教育教学，强化学术诚信教育，创新作业形式，改革传统的考试评价方式；学术界与时俱进地更新相关的定义、增加诸如"将AI贡献标注为引用"等条款，开发识别人工智能文本的新技术等，这些回应和行动势必给教育发展带来新动能、创造新前景。

总之，当人工智能正在成为一种新的发展形态。对学校教育而言，它一方面为重构教育生态、重塑教与学模式创造了良好的契机，另一方面也对教育本体价值和教育伦理提出了严峻挑战。在此背景下，我们要理性认识学校教育与技术的本质关系，树立"人工智能做不到的事"的主体意识，同时教育系统各主体应协同应变，在直面未来中走向未来、成就未来。

AI之光：全球教育的未来趋势

在教育的大舞台上，未来的光芒如晨曦一般悄然升起，照亮着全球各地的求知者和教育家。未来教育的全球发展趋势，宛如一场奇妙的旅程，引领着我们探索知识的海洋，跨越文化的边界。从数字化革新到全球化融合，这个时代的教育正在书写着无限可能的故事。

近年来，各国际组织和各主要国家密集发布关于未来教育的研究报告，相继推出相关政策，世界对于教育的关注力度有了前所未有的增强。总览全球未来教育形势，在谨慎乐观运用信息技术以促进教育资源均衡分配、提升教育质量、增进人类福祉的同时，也呼吁各国行动起来，充分利用信息技术以推进教育变革，珍视教育之于人类的共同价值，加强国际教育合作。

● **全球教育变化形势**

未来教育已成为当下正在发生的教育改革。纵览国际社会对全球教育变化形势的研判，有三个重要特点。

1. 认为新科技革命下教育将面临深刻变化

新科技革命全方位重塑了人们的生产生活，对劳动者素质提出了新的要求，数字素养成为每个人的"标配"，终身教育、终身学习由理念逐渐演变为现实，非正式学习重要性更加突出，个性化学习的需求日渐高涨。正如联合国教科文组织在《反思教育：向"全球共同利益"的理念转变？》中所言："当前的学习格局变化可以同19世纪出现的从传统的工业革命前教育模式向工厂模式的历史性过渡相提并论。"

2. 关注教育，应对人类共同危机之策

全球化和数字化时代，虚拟世界有助于以全新的方式定义身份，赋予个体更多的灵活空间，与此同时，社会正变得更加多元碎片。诚如联合国教科文组织所指出的："世界已经看到了内生增长威胁与地球的内生资源之间日益脱节，体现在金融经济和实体经济之间，在贫富之间，在追求GDP和人民福祉之间，在技术和社会需求之间……教育未必对这一切负责，但不应低估人们的知识、技能、态度和价值观在社会和经济发展中所起的作用。"因此，教育必须对此有所作为，应对人类社会所共同面临的危机。

3. 未来教育行动将提升至国家战略高度

未来教育已开始从零星试点迈向国家层面的信息化规划，并迈出实质性步伐。放眼美、日、英、韩、印度、澳大利亚等国，纷纷出台相关政策，从基础设施、师生素养、学习变革、评价机制等方面，全方位推进教育的信息化、数字化，并由此推动教育升级换代，走向未来。

●国际组织：探索未来教育变革

国际组织关注人类命运，通过发布各种报告，系统探索未来教育，并推出相关倡议或行动计划，呼吁各国间合作，推进未来教育，促进人们更新素养，以在数字化、全球化时代更好地生存。

1. 教育更加聚焦人的核心素养

新科技革命意味着经济社会结构、生活方式等发生着快速变革，相应地，对人的素养提出了新的要求。经合组织在《学习指南2030》中指出：面向2030年的核心知识、技能、态度和价值观还包括信息和数字素养、身心健康以及社交情商等的发展。在经合组织近年开展的"国际学生评估项目"

中，相继增加了数据素养、全球胜任力和社会情感学习等内容板块，核心素养进一步从理念迈向操作。世界经济论坛在2020年发布的《未来学校：为第四次工业革命定义新的教育模式》中提出"教育4.0"主张，就新科技革命所需的核心素养与学习能力做出新的概括：前者主要包括全球公民素养、创新技能、数字素养和社交情商；后者则涵盖个性化和自主学习，无障碍和包容性学习，基于问题和协作的学习以及强化终身学习等。国际上关于核心素养的主张频频出现，既存在广泛交集，又各有所侧重，共同汇聚成全球关于核心素养的主流观点，并进一步指向教育改革。

2. 教育系统面临全方位演变

联合国教科文组织在《反思教育：向"全球共同利益"的理念转变？》报告中指出：当今世界教育格局正在发生剧变，涉及学习内容、学习方法、学习空间。可采用的知识来源增多，使用门槛降低，从而扩大学习机会。

经合组织教育研究与创新中心也于近期发布报告，系统阐释未来教育图景，包括学校教育扩展、教育外包、学校作为学习中心和无边界学习，并探讨了教育面临的七种现实挑战：

一是现代化与颠覆性变革，教育在某些情况下需要现代化，在其他情况下则需要颠覆性变革，需要全新的思维方式和参与方式来实现；

二是新目标与旧结构；

三是全球化与本土化，未来教育是在全球化背景下出现并加速发展，而民族国家会与全球化产生差异并进而形成张力；

四是创新与规避风险，学校教育倾向于风险最小，从而限制创新和变革，但维持现状本身也有相应风险；

五是技术潜能与现实，技术本身并不会促进学习，个性化学习和新兴技术之间有着明显的张力，学校须关注个性化学习；

六是虚拟学习与面对面交流，虚拟学习声势浩大，而面对面交流之促进学生成长却是虚拟学习不可取代的现实；

七是学习与教育，学校教育不再是获取新知的唯一渠道。

3. 坚持数字化时代教育的人文主义立场

联合国教科文组织关于"优质教育"的可持续发展目标指出：到2030年，确保所有学习者都有机会获得可持续发展所需的知识和技能，通过教育厚植可持续发展意识，促进人权、性别平等，传播和平理念，培育世界公民意识，以及能够理解并欣赏文化多样性。

在《反思教育：向"全球共同利益"的理念转变？》报告中，联合国教科文组织在阐述数字技术驱动教育变革、改变教育图景的同时，再度重申人文主义教育方法与立场，将教育作为全球共同利益。2021年11月，联合国教科文组织发布报告《一起重新构想我们的未来：为教育打造新的社会契约》，展望2050年及以后的教育，并呼吁人类合作，通过教育变革，以塑造和平、公正、可持续的未来。

●世界主要国家：加快未来教育变现，提高竞争力

相对于国际组织，各国更注重提升本国竞争力，着力提升人力资源的核心素养，充分利用信息化手段，从国家战略的高度全方位推进未来教育。

1. 美国——信息化重塑教育，加强数字化时代人才培养

美国是欧美地区推进未来教育的集中代表，通过信息化重塑教育的基础设施、课程与教学，并不断深化核心素养研究，将教育变革引向深入，主要行动可大致梳理为以下四种。

（1）通过信息化推动教育升级迭代

自1996年起，联邦政府每五年发布一次《国家教育技术计划》，系统推进教育基础设施建设。最新版的计划从技术充分融合教育的角度，对开展个性化学习、推进技术支持的教学、提升教育信息化领导力和实施个性化评价做了全面规划。

（2）深化核心素养研究并引领实践

在"21世纪学习联盟"等智库的推动下，美国教育界将关于学生素养的界定由"3R"（阅读、计算与写作）转向"4C"（审辨思维、创新、沟

通、合作），并与中国合作，在"4C"的基础上推出"5C"（新增"文化理解与传承"）。

（3）深度开展课程与教学改革

以美国课程设计中心（为代表），相继推出"四维教育"和"教育中的人工智能：潜力与前景"，其中"四维教育"之"四维"指知识维度、技能维度、角色维度和元学习维度，四种维度皆被赋予新的内容。美国课程设计中心立足课程重构，对当下和即将发生的突破性教育变革进行研判，推出改革主张并引领实践。

（4）加强STEM教育，全面培养数字化时代人才

联邦政府自2018年推出新一轮STEM教育规划（"北极星计划"）以来，全国上下前所未有地推进STEM教育，增加拨款、强化跨部门合作、示范推广，并重点发展师生"计算素养"。

2. 日本——培养面向社会5.0的信息化人才

面向当下和未来社会变革，日本政府提出"社会5.0"的概念，具体是指虚拟空间与现实空间高度融合的社会系统，是实现经济发展并解决社会问题、以人为中心的新型社会形态。日本政府还提出了面向社会5.0时代的"学校3.0构想"，重点开展了社会5.0时代的教育信息化改革，特别是重新定义了信息素养，将其与语言能力、问题发现与解决能力一起作为学生应具备的三大基础能力。日本新的教育信息化目标旨在通过信息教育培养学生的学习力以及面向社会5.0时代的生存力。日本政府为此推出了以改善学校教育信息化基础设施环境为目的的"五年计划"（2018—2022）。该计划强调运用人工智能等先进技术，建设社会5.0时代的学校信息化环境，从而提高学生的信息素养，促进个性化学习，培养学生形成能动学习与合作意识，以及发现与解决问题等能力。

3. 印度——"数字印度"战略下推进智慧教育

当前印度数字化进程已超前于全球多数国家和地区，为全球产业数字化发展输送了大量数字工程师。莫迪政府于2015年推出"数字印度"战略，旨

在从数字基础设施建设、数字化政府服务和公民数字教育三个方面，推动印度成为数字赋能的社会和知识经济体。以此为纲，在高等教育领域，印度政府联手IT行业及印度软件和服务业组织，积极打造"数字人才库"，包括加大数字人才培养培训投入、推动政产学研联合培养、新增数据科学、大数据分析等学位计划。目前，印度至少有250家教育机构提供大数据分析培训，由此进一步向印度中小学传递加强数字素养教育的信号。在基础教育领域，贯彻"数字印度"战略，印度正在各大学校深度实施"智慧教室"计划。平板电脑、笔记本电脑、虚拟现实、互联网、交互式投影仪进入教室，数字学习已成为现实。在印度，智能教室已经在显著改变教师的教学方式和学习者的学习方式。

4. 韩国——打造以人为本的未来智能教育环境

与美国同步，韩国也是自1996年开始，系统实施每五年一次的教育信息化规划。二十余年来，韩国教育信息化经历了从建立信息化基础设施，适应知识经济开展远程教学，强化研发能力开发应用数字教材到建立个性化学习支持体系等不同阶段。

当前正在实施的第六次教育信息化规划（2019—2023），旨在通过打造未来智慧教育环境，推进可持续教育信息化创新，通过实现定制化教育服务以及建立共享教育信息的数字基础设施的四项施政领域13项重大政策任务，打造"以人为本的未来智能教育环境"。此外，韩国还出台了《教育信息化推进法》，确保国家信息化推进，并建立监控和绩效体系，确保信息化尽快落地。

5. 澳大利亚——配合国家愿景，实施未来教育战略

澳大利亚政府于2021年推出《数字经济战略2030》，旨在达成2030年成为领先的数字经济与社会的愿景。

该战略围绕发展数字经济、建设新兴技术以及设定数字增长有限事项等三个支柱构建，要求到2030年，所有澳大利亚人都将获得数字技能和技术。与之相应，澳大利亚各州加快推进教育信息化。

例如，澳大利亚首都领地于2021年推出"未来教育战略"第二阶段实施计划，旨在进一步支持首都领地学校通过现代化、循证式、以学生为中心的学习方法推进学习，确保在任何地方都有可用的数据来定制教育产品以满足学习需求，并支持教师开展卓越教学。再如，南澳大利亚推出了"数字化战略"（2022—2025），旨在"利用数字技术为K-12阶段学校提供世界一流教育，帮助青少年儿童在数字世界中茁壮成长"。其提出的未来教育系统图景为：开展数字化教学，让所有学习者拥有良好的数字学习体验；增强各级学校的数据能力，并不断改进；所有教育工作者都具备富有成效的工作所需的技术和数字能力，为教育系统提供世界一流的服务、计划和政策。

6. 英国——充分释放教育技术潜能

2019年4月，英国教育部发布《充分释放教育技术的潜能》，描绘了当下和未来的教育技术发展愿景。该文件提出如下目标：支持教育部门开发和嵌入技术，以提高效率、消除教育障碍并最终推动教育成果的改善，支持在英国发展充满活力的教育科技业务部门。为此，英国提出了"教育技术变革框架"，分如下三步：明确教学、管理、评价和教师在职发展等领域的信息技术愿景；通过加强教育信息设施建设，提升师生数字技能，确保数据安全，完善政府购买服务等措施，以破除技术和制度障碍，长足发挥技术效用；深入推进教育数字技术，促进教育信息化的有序迭代，加快教育创新。

7. 欧盟——提升数字素养，加快教育变革

在欧洲，人们普遍意识到"数字教育不能仅仅被视为孤岛，而是所有教育的和培训的重要组成部分"，有鉴于此，欧盟推出了《数字教育行动计划（2021—2027）》。该计划前所未有地重视数字技术在教育变革中的作用，明确提出"到2025年，70%的16~74岁的人至少拥有基本的数字技能"，还提出如下行动措施：一是与各会员国开展战略对话，密切促进设备对接、人力合作、案例分享等，并开发欧洲数字教育内容框架；二是加强教师数字素养培训，制定欧洲数字技能证书；三是建立欧洲数字教育中心，促进资源共享。

●国际社会关于未来教育的实践探索

在未来教育理念引领和相关政策的深度实施下，许多国家和地区在办学理念、学习方式、学习场所、课程设置、师生角色和关系等多方面先行探索实践，主要呈现以下特征。

一是技术深度融合教育教学。具体包括将物联网、区块链、云计算和虚拟现实等技术应用于教学中，加强教学交互性和体验性；探索数字技术在教育评价、教育资源共享、家校共育中的新途径，让教育活动超越时间和空间局限。

二是更加重视以学生为中心。具体包括将学习权利交予学生自己，学生依据自己的兴趣和个性发展需要，自主选择学习的课程与学习方式；鼓励学生自主学习和自我指导式学习，教师更多充当"指导者"与"合作者"角色，通过引导、陪伴和科学评估，适时给予帮助。

三是更加突出素养和能力培养。具体包括在学科课程之上，积极开展跨学科课程设计和项目式学习，使学生在解决和研究真实问题过程中提升知识素养能力；通过混龄式教学促进学生协作，培养学生合作沟通能力；设计远征学习、研学旅行等"冒险探索"项目，让学生发现自己的潜力、价值和激情，培养学生的好奇心和毅力。

四是推进学习空间的创新。具体包括将学习空间扩展到学校之外，如博物馆、公园、工厂、森林、沙漠等；建设多功能教室，可根据不同学习方式灵活组合家具设备。

五是办学突出个性化、终身化、多样化。具体包括让每个学生接受合适的教育，教育模式个性鲜明、形式多样；在课程设计、师资配置、班级划分中注重为学生提供个性化和多样化选择。

从国际组织相关报告和各国行动来看，数字技术正在推动教育发生全方位、多层次、立体化的系统性变革，表现为技术重塑的教学、课程与评价等不断迭代，突出强调个性化学习，教师教学的专业性不断增强，终身学习的声音由弱变强等。同时，诸如未来教育如何培养个体技能，未来教育如何满足社会发展需求，学习科学、认知科学、脑科学等研究如何促进教育，终身学习如何适应时代变化等问题的不断被发问，意味着未来教育绝不仅仅是技术驱动教育的升级换代，而是在教育目的、内容、手段、教学方式、评价方式等方面也将发生深刻变革。也就是说，教育在社会发展中的引擎作用更加突出，战略地位更加重要。

教育是一场无边无际的探索之旅，每个学生都是故事的编织者，每个教育者都是智慧的传播者，而每个国家的先行者都是值得我们借鉴的引路人。作为一名人民教师，我们总是希望这趟教育之旅充满阳光与智慧，让每个学子在这无垠的知识海洋中找到自己闪耀的光芒。倘若我们能够借着那些成功者的一点点微光扬帆远航，或许在未来就更容易驶向更广阔的海洋。

第 2 章
Chapter 2

人工智能重塑教育的底层逻辑

教育的本质：获得幸福和拥有快乐生活的能力

多年以后，当我们从未来回望教育，从教育的终极目标看当下的教育，如果教育继续以知识传授为导向、以超前学习为捷径，那么我们能够应对人工智能崛起的将来吗？

在近百年的教育发展史中，每当新技术、新概念问世，都会引发很多社会担忧和学术争论，人工智能也不例外。在第一章，我们初步总结了当前关于人工智能在学校教育中运用的种种讨论，一个主要问题是来自成人社会的人们关于技术对下一代影响的教育担忧；而作为未来社会主人的青少年学生对此却呈现出"热情拥抱、乐在其中"的态度。这两种对待技术的不同应用态度反映了技术与教育之间的复杂关系。

回首过往，我们不难发现，一次次的信息技术应用与革新并没有使学校教育发生"颠覆性革命"，也没有使学校教育结构发生根本性改变。难怪乔布斯曾发出这样的感叹："为什么计算机改变了几乎所有领域，却唯独对学校教育的影响小得令人吃惊？"这启示我们：**探讨人工智能在学校教育中的应用，仅仅做技术分析是不够的，还需要深入思考技术与教育间的本质关系问题**。

●不为变革而变革，教育需回归本质

人工智能自诞生起，似乎表现出超越自身、近乎自主的功能。然而，我们必须看到，人工智能是人创造的技术，相对于"人"来说，它还是极为简单和初步的。目前，人工智能尚不能实现完全的自主学习，无法表达情感变化与共鸣，缺乏人的意志品质，也不具备人类拥有的批判性思维、灵感生发、人文关怀、对非结构化问题的归纳和类比等心理机能。也就是说，人工智能不具有主体地位，不是一个有自我意识的个体，在本质上它仍然只是一个工具。人工智能和人之间尚未形成新的"主体间关系"，也没有从根本上改变教育的形态或性质。因为教育远不只是记录、分析和表达，也不只是知识的生产、表达和供应，还包括对学生认知和精神层面的塑造等。可以说，人工智能改变的是教育资源的供给方式，而非教育本身。

当下之所以会产生关于人工智能主体地位问题的争论，不是因为技术有了自主性，而恰恰是因为作为技术使用者的"人"的自主意识还远远不够。这启示我们，在学校教育中必须强化教育主体——师生面对技术时的自主意识。**相比于人，人工智能没有毅力、自律，也无所谓吃苦、坚持一说，有电有网就能运行。而对于师生来说，除了要继续彰显能吃苦、有毅力、自律、自强等人所特有的品质外，还要树立"做AI做不到的事"的主体意识——这恰恰是人工智能与人类教育最根本的区别，也是我们学校教育的职责所在。**

按照美国学者阿库达斯的观点，目前人工智能还只能算是"行动聪明"的机器，其未来发展的趋向可能会成为"拥有心灵"的"强人工智能"，它不是仅仅模仿智能或产生某些聪明的假象，而是要获得真正的主体。当然，要实现这样的目标，人类还需要经过长期艰苦的努力。

在这个长期探索的过程中，我们可以肯定的是，教育的本质始终是不变的——为人的终身幸福和快乐奠基。

联合国教科文组织发布的报告《重新思考教育》、经济合作与发展组织(OECD)的报告《教育2030：未来的教育和能力》中一致提出教育在智能社会中的新逻辑：能力和素养导向的、贯穿一生的学习，融入社会和生活的、虚拟和现实融合的教育等。

过去三百年建立起来的教育大厦，在当前互联网、人工智能等新兴技术的冲击下，面临重重挑战。用今天所学的知识来解决明天的问题，这样的观念，在人工智能时代即将老去。

所以，未来，教育的基本逻辑不是帮助一个人在前几十年积累足够的知识，以供其后几十年的生活和工作，而是成就一个人从出生到离开人世的全生命周期的学习；教育不是打造一个远离社会的象牙塔、培养拥有在专家看来极具美感的知识体系的人，而是引导和帮助人在这个复杂和多变的真实世界中获得拥有幸福和快乐生活的能力。

只不过，未来教育年限不会像现在这么长；可能，创新会真正在教育中诞生；可能，培养在多变世界中解决复杂问题的能力、激发学习者的自主性，将成为教育不能忽视的命题；可能，支持学生发展比传授知识更加重要……这一切取决于，教育界对当下的教育体系底层逻辑的思考与重塑。

的确，AI技术快速迭代发展，已经使得人类的很多工作被人工智能取代。学校正是出于对人工智能负面影响的担忧而限制或禁止其使用，但是，仅从新生一代对于技术使用的态度上就可以看出，这种一禁了之的做法将受到挑战。学校管理者必须思考如何借助人工智能推动学校教育管理机制变革和人才培养方式重构，以行动回应新背景下"培养什么人""怎样培养人"的根本问题。

我们终其一生的教育，究竟是为了什么

现实需求和未来发展趋势告诉我们，教育必须坚持立德树人的根本任务，站稳和坚守育人初心。教育要坚持人文主义的生命立场，聚焦核心素养的培育，促进教师教学方式的转变，实现由"知识传递"的学科教学向"人的培育"的学科教育的范式转变，大力发展素质教育，将人的潜能变为现实。

除了要让人民获得幸福和拥有快乐生活的能力，要透彻理解这个话题，我们必须思考和尝试回答，我们在处理人工智能与教育关系时必须要面对的基本问题，比如，我们终其一生的教育，究竟是为了什么。

我一直在思考这个问题，直到在本书出版前，我刚巧看了以张桂梅故事原型改编的电影《我本是高山》，心中渐渐有了答案。

在教育界，张桂梅这个名字想必大家并不陌生。

张桂梅于1957年出生于黑龙江省牡丹江市。在她很小的时候，她的母亲就去世了。

后来，张桂梅离开了家乡，前往云南。在那里，她经历了离乡、结婚、丧偶。尽管生活给了她的一次次磨难，但她并没有就此放弃。

再后来，张桂梅在云南的一个偏远山区建立了自己的学校。她把学校当作自己的家，把学生和福利院的孩子当作自己的家人。在这个过程中，她经历了许多困难和挫折，但她始终坚持自己的信念，深爱着每一个学生，并希望他们能够成为更好的人。当学生们遇到困难时，她会毫不犹豫地给予帮助。然而，当学生们做得不够好或做错事时，她也会严厉地批评他们，因为她希望他们能够成为更优秀的人。

张桂梅永远是校园里最早起最晚睡的人。她会在凌晨五点半打着手电

筒，逐层检查教室和人工草坪，确保没有安全隐患。她这样做的原因很简单，就是怕学生们遇到危险。同时，她也十分关心学生们的学习情况，因为她深知读书对于山区女孩的重要性，时时叮嘱学生要好好学习。

然而，很多人不知道的是，张桂梅身患多种疾病。每次上下楼都像被针扎一样疼，但她依然坚守在校园中，为学生们的安全和健康默默付出。她的手指和手腕上缠满了止痛膏药，她每天还要吃大把的药。

张桂梅扎根当地教育40余年，帮助了数千名贫困山区女孩圆了大学梦。张桂梅在"七一勋章"颁授仪式上说道："只要还有一口气，我就要站在讲台上，倾尽全力、奉献所有，九死亦无悔！"

我们不禁要问，是什么样的力量支撑着张桂梅老师年复一年、日复一日地做这些事情呢？还有什么事情能够让我们愿意以生命健康为代价去做呢？答案只有一个，那就是爱。真正驱动她克服身体上的困难，坚守在教育工作岗位上的，是内心深处的爱和信仰！

也许我们会说，爱是永无止境的，可是当我们看到张桂梅老师的身体每况愈下时，我们也会担心以后谁来接她的班，将这份爱延续下去。

一定程度上说，人工智能技术的发展意味着教育变革又来到了一个新的节点，它或许能够更好地帮助我们用科技的手段去给予这份爱更强大的力量，只不过我们自己首先要笃定做教育的这份信仰，永不改变。

● 教育有一个永恒不变的主题

在人工智能新兴技术快速演变迭代的今天，教育系统各主体要协同应变，这意味着我们既要顺势而为应对变化，也要坚守教育中的不变。

1. 更新制度体系

美国社会学家奥格本认为，在技术发展与社会发展之间存在着一种"文化上的滞后"。如果认为技术改造不可避免或众望所归，那么就需要进行相应的社会制度变革。人工智能技术的快速发展势必对现有的教育理念、教育管理方式、学校教育形态等产生重要影响，因此，学校教育需要在整体制度体系上加以变革，在对技术善加利用的同时对其进行合理的规约。

从宏观层面看，各级教育行政部门要加强制度性顶层设计，重视推动新技术与教育深度融合，注重在制度上、组织上防止技术功利性滥用或技术无视。欧盟委员会等组织在2021年就提出了《人工智能法案》条例草案，旨在促进规范使用部分人工智能应用程序功能，以保障公民权利和社会安全，解决人们对人工智能技术风险的担忧。这启示我们也要重视人工智能系统的合规化、法治化建设。从中观层面看，对于学校来说，人工智能必将对人才培养标准、课程设置、教材编写、考试评价和管理方式等产生深远影响，因此学校管理者要不断提高自身对人工智能技术及其对教育的影响的认识，把握教育与技术的实质，一方面主动适应、尽早行动，另一方面有效防范风险，增强探索人工智能技术推动教育变革的责任。

2. 培育"智慧"教师

这样才能彰显"人师"的独特价值，随着人工智能技术的发展，教师的主要作用不再是简单地传授知识和技能，教师在学生学习过程中将发挥更强大而独特的"工具性"作用。未来，教师或许不一定精通所教学科领域的所有知识，但必须拥有培养学生理想与信念、思维与情感、意志与勇气、反思与自省、创造与创新、想象与审美等人类特质的意识与能力，必须具备激发学生学习兴趣、建立全新学习体验和解决学生学习问题的技能和方法，以及必须掌握挖掘人机对话育人价值、构建智能化学习环境、与人工智能协同育人的教育技术和教育智慧。

人工智能的飞速发展将更加凸显教师作为"人师"的独特育人价值，并有力推动教师能力的进一步重塑与提升。未来的教师，一方面要更高质量地落实好立德树人根本任务，善于培养学生的必备品格和关键能力；另一方面要努力成为具有一定信息技术素养和技能的"专家"，能够深刻理解技术的本质和价值，甚至在技术上具有一定的突破力和创造力。

3. 聚焦学生素养

从技术发展趋势来看，人工智能未来将广泛应用于各个领域并能够更好地处理相关信息，将不断提高文本生成质量，实现更加精准智能的预测。因此，学生要主动对接未来，将提高信息技术素养作为学习和发展的重要任务。学校和教师要引导学生理解和掌握人工智能的语言表达和使用技能，以使其更好地与人工智能对话合作；引导学生提高思考力、判断力和推理能力，以使其准确理解运用人工智能生成的结果；引导学生提升技术伦理素养、批判性思维、人文情怀、好奇心等，以使其更好地驾驭人工智能而非被操控。

从上述角度而言，人工智能带给教育最革命性的变化应该是促使教育从以知识为核心转身到以人的发展为核心，更为关注受教育者的个性、情感和价值观的发展——**这与我们国家教育发展越来越强调立德树人的方向是惊人的一致**。具体而言，包括自适应性学习、个性化学习，人性化的和精准化的教育管理会取代现在的标准化的、统一化的教育模式。响应着教育目标的变化，学习内容、学习方式和学习评价方式也会随之发生比较大的变化。例如，在人工智能技术介入的情况下，在区块链技术的帮助下，无感数据捕捉成为可能，细致的学习和发展的过程性记录和评价能方便地成为现实，综合素质评价会成为主导性的教育评价方式。

遇见未来，未来已来。

只不过，人工智能出现以后，曾经的我们"比别人多学一点"已经不再是优势，"在海量知识面前，个人拥有的知识仅仅是一滴水"。而人工智能的爆火，只是助推了我们以前构筑的知识学习体系的瓦解。如果说，过去40年的教育改革，只是对知识导向型教育体系的修修补补，那当下面临的则是全世界范围内底层逻辑的改变。

教育的天然属性：拥抱科技

教育作为应用先进技术最为积极的领域，拥抱人工智能就成了理所当然的选择。

所谓教育技术，是指人类在教育活动中所采取一切技术手段和方法的综合。重视人工智能+教育，实际上反映了新时代人们对教育技术发展的诉求——这与历史上中国人重视在教育领域投入先进技术的传统一脉相承。

毛笔、纸、印刷术等事物和技术，都在诞生后第一时间出现在了学堂中。近代以来，蔡元培、陶行知等教育界前辈，早早选择拥抱先进教育技术，利用幻灯片、电影放映机等设备，开启了我国电化教育的先河，在教育技术史上写下了浓墨重彩的一笔。

如今，发展教育技术的重担落在了人工智能身上。毫无疑问，人工智能在教育领域有着令人惊叹的潜力。以学习语言为例，人工智能具有明显优势。倘若得到适当应用，将改变部分地区教师外语发音不标准的问题，缩小城乡间教育水平的差距。

此外，通过机器学习、人工智能系统批改作业来减轻师生负担，快速且有针对性地找到学生学习过程中的薄弱环节，有助于教师提升教学效率和质量。

与历史上教育技术发展相比，人工智能带来的或将是"千年未有之大变革"。即便身处偏远地区，优质教育资源、内容依然唾手可得；人机互动、人机共教的模式，剑锋直指师资力量不均衡这一影响教育公平的核心问题……

●科技的平衡与挑战：启蒙之火还是烧毁的危机

在拥抱科技时如何趋利避害，关键在于如何看待新技术在教育领域中的地位。应该明确的是，人工智能这样的新技术，在应用过程中其根本目标是降低人们参与学习活动的门槛，促进教育公平与发展。

具体来说，推动人工智能与教育、教学和学习系统性融合，利用人工智能加快建设开放灵活的教育体系，促进全民享有公平、有质量、适合每个人的终身学习机会。而这，正是教育热情拥抱新技术的根本原因。

换句话说，我们的教育改革仅仅停留在传统的思维层面，花力气在教材、大纲、课程体系方面改革是不够的，更重要的是我们的培养模式、学校架构、教育形态、教育环境要发生变化。

我举个环境的例子——从大学城到科学城的转变。

2022年，我曾听了我国中国科学院院士、中国地质大学校长王焰新教授的讲座，他分别从教育、科技、人才角度，分享了对于某地A科学城建设的思考。

目前，在全球已有超过600座科学城，竞争激烈。谁拥有更多更好的大学，谁就拥有无限可能的未来。

科学城的概念，是以提升原始创新能力为核心，集聚高端科研基础设施、多元创新主体和创新服务等创新要素，涵盖基础研究、应用研究、产业共性关键技术创新、新产业新业态培育等功能。加上党的二十大报告首次把教育、科技、人才进行统筹安排、一体部署，既是新时期办好人民满意的教育的方向，也是区域高质量发展的方向。对此，王焰新教授提出了"四链理论"：人才链、学科链、创新链、产业链，并用"四链理论"的视角，对比了国内外建成的、较为成功的科学城，提出A科学城建设，增加对于学科链建设的关注和投入，政府与学校一道投身学科打造。

这让我想起美国硅谷的发源地斯坦福大学。目前，在斯坦福大学官网上，19个研究机构拥有20座图书馆，科研资金达到了16.9亿美元。

如此说来，学科特色型大学也是我国教育、科技和人才供给链中的重要力量。从这个角度而言，我们应该与全国的各大学校团结起来，结成科学创变奋斗共同体，为服务国家高水平科技自立自强的教育，打造教育、科技、人才三位一体的教育环境，拥抱科学无限未来！

教育的迭代升级：变革创新

虽然人工智能拥有超强的信息检索能力、逻辑推理能力、自然语言能力以及文本生成能力，但其也有"能力边界"，如原创性不足、难以真正理解或体验情感等先天性短板。另外，教育对人工智能带来的冲击重视不够或运用不当，会导致教育偏重知识教学而忽视育人根本，会导致学生因过度依赖机器而缺少独立思考以及情感和人格发育不健全问题。

在人工智能时代，我们未来的教育要高度关注技术伦理、隐私保护和数字鸿沟等问题，尤其要强化批判性思维能力、创新创造能力、人际交往能力、道德责任感、情感理解能力、自主学习能力等素养能力的培养。

● 变革创新，教育自我迭代第一步

创新是第一动力，要实现中华民族伟大复兴的中国梦，就要增强中华民族创新创造活力。教育兼具保守性和超越性，教育是流变的，唯一不变的是变化本身。只有创新的教育才能培养创新的人才，只有创新的人才才能掌控创新的科技。面向未来的教育必须向改革创新要动力，走创新驱动发展之路，向改革创新要红利，提升教育的广度和深度。在人脑智能和人工智能相互较劲和相互促进的今天，教育对象、教育内容、教育手段、教育技术等都不断随着时代的变化而变化。但归根结底教育要推动社会发展进步，要为未来培养人才，为学生未来生活做准备。为未来而教，为未知而学，已成为教育共识。

人工智能的发展倒逼教育以改革创新来实现自我迭代升级，积极应变而不是抱怨、恐惧、躲避和无视。

● 人工智能何以赋能教育革新？

当前，在党中央和国务院的领导下，中国特色社会主义教育不仅深化办学体制、管理体制、经费投入体制、考试招生及就业制度等方面的改革，而且深化学校内部管理制度、人事薪酬制度、教学管理制度等方面的改革，深化人才培养模式、教学内容及方式方法等方面的改革。教育要变革，学校也要变革，封闭保守的办学行为和教育教学就会出现井底之蛙、刻舟求剑、坐以待毙等笑话。人工智能可以从五个方面赋能教育，具体如图2-1所示：

图2-1 人工智能赋能教育

教育内容上，更加注重核心素养培养；

教育技术上，主动促进人工智能与教育教学的深度融合；

教育策略上，高度关注情感沟通和价值引领；

教育方法上，充分运用对话交流和体验反思等方法；

教育资源上，积极挖掘日常生活、社会交往、科技发展、时政热点等的教育价值。教育评价上，更加关注德行修养、情绪情感、思维品质、交往能力等，真正做到"破五唯"，追求"让每个人都有人生出彩的机会"。

可以说，当传统的以知识传递为核心的教学模式被逼入墙角，人工智能为教育革新按下了"加速键"。

1. 利用人工智能促进个性化学习

在传统的教育教学模式下，教师授课的内容面向全体同学，学生课上接受相同的知识，难以实现个性化的提升。有时候，即便是分数相近的同学，薄弱知识点也不尽相同。近年来，数字化技术在我国课堂教学中受到高度重视并得到了较为充分的应用，数据驱动正深刻改变着传统教育教学模式，为学生的个性化学习提供了有力支撑。人工智能在教育中的应用有望让个性化学习"更上一层楼"。

2. 利用人工智能优化自主学习

学生在掌握了基本知识和相关技能之后，可以利用人工智能进一步优化自主学习。人工智能像一位百科全书式的教师，可以对每位学习者提出的个性化问题予以针对性回答，为学生提供量身定制的帮助。例如，当学生在学习过程中遇到不懂的知识又不方便向老师提问时，就可以及时向人工智能提问并获取学习资源。人工智能可以让学生学习更加高效，让学生体验和享受自主学习的乐趣。

3. 利用人工智能促进教师专业发展

人工智能可以帮助教师获取丰富的教学资源，让教师更有效地进行课堂教学。在课前，人工智能可以成为教师备课的好帮手。通过问答式互动，人工智能能够为教师的课程设计提供思路，帮助教师设计教学大纲和课程计划；可以帮助教师迅速罗列课程的重点和难点。在课堂中，人工智能可以充当人工智能助教的角色，为师生提供一个即时反馈平台，增加课堂生动性、趣味性和吸引力。在课后，人工智能能够帮助教师生成作业题目和考试试题，让教师更好地了解学生掌握知识的程度。在日常工作中，人工智能也是教师的得力助手。拟写会议邀请函，撰写工作计划、工作总结、工作汇报等，对人工智能来说都不在话下。由此可见，如果使用得当，人工智能能减轻教师工作负担，促进教师专业发展。

4. 利用人工智能优化教学评估

人工智能凭借其天然优势，有望推动教育评价革新。在传统的教学模式下，所有学生在课堂中使用同一教材学习；期末考核对全班级学生采用同一试卷、同一评价标准。而随着人工智能等数字技术在教育中的应用，使得对学生进行个性化诊断成为可能。目前，火爆全球的ChatGPT就可以实时对学生的作文等进行评分。因此，通过系统训练，人工智能可以成为诊断教学的专业工具。人工智能在与学生对话的过程中，能够了解学生的真实水平，帮助学生明晰不足之处和薄弱部分，从而进一步弥补差距，实现提高。同样，在训练改进后，人工智能也可以用来当作教师评价的工具，帮助教师优化教学，提高教学质量。

人工智能的爆火让我们真切地感受到，教育与人工智能深度融合的时代已然来临。当然，人工智能给教育带来的红利远不止上述这些，上述提及的几个方面仅是人工智能赋能教育的部分场景呈现。如何顺势而为，真正实现人工智能为教育所用，还需进一步在实践中检验，还需广大教育同仁共同努力。

无论悲观抑或乐观，人工智能时代它都来了，它不会走，亦不会停留。未来，它还会更加智能。学校教育要在人工智能时代把握好"变"与"不变"，从容淡定而又自信主动地推进自我迭代和革命性重塑，从而培养好人工智能的"创造者"和"主人"，确保人类的持久生存、幸福生活与永续发展。

第 3 章
Chapter 3

从适应到超前：
解锁个性化教育转型的秘密

转型之殇：智能也疯狂

人工智能如同一股劲风，席卷而来，重新塑造着我们的生活和社会。而在这场变革的风暴中，教育领域也被带入了一场前所未有的转型之殇。

教育一直是社会发展的引擎，而如今，人工智能的介入使这个引擎加速运转。从传统教育到智能教育的转变，带来了诸多新的可能性，但也引发了一系列深刻的问题。例如，智能化的课堂、个性化的学习路径，看似美好的愿景却也伴随着个人隐私保护、不平等教育资源分配等一系列值得深思的问题。

例如，智能导师系统是人工智能技术在教育领域的应用之一，旨在为学生提供个性化的学习指导和支持。然而，在某些情况下，这种系统可能会产生一些不准确的结果，甚至会对学生造成伤害。某智能导师系统在对学生进行评估时，由于算法的错误，将一名优秀学生的评估结果误判为差生，导致该学生失去了获得奖学金的机会。这对学生来说无疑是一个巨大的打击，也对教育公平性造成了负面影响。

此外，智能导师系统还存在着数据隐私和安全问题。学生在使用系统时需要输入大量的个人信息和学业数据，这些数据很可能被泄露或滥用，给学生带来不必要的困扰和风险。

因此，虽然智能导师系统具有很多优势，但在实际应用中还需要谨慎评估其风险和效果，确保其真正为学生的成长和发展提供有益的支持。同时，教育工作者和家长也应该加强对学生的指导和关注，避免完全依赖智能导师系统而忽视了学生的个性和情感需求。

在这个"智能也疯狂"的时代，我们迫切需要思考的是，如何在技术的冲击下保持教育的人性关怀？智能技术是否真的能够满足所有学生的需求，还是会加深社会的分化？我们将不仅关注技术的冲击，更要关心教育的本质，在智能疯狂的浪潮中找到平衡之道，让教育真正服务于每一个学子的成长。

● 溯源：人工智能引发的教育焦虑

随着人工智能作为通用教学资源打破学科知识专业分化壁垒、触发"课堂革命"赋能知识传播变革、破除信息茧房加速知识生产变革，因此它势必将加速我国教育数字化转型的能力。

1. 教师权威身份被质疑

随着工业时代出现劳动分工，帮助学生理解和掌握具有清晰界限的学科知识成为学科教育的重点。培养学习者拥有未来职业所需的专业知识和专业技术成为大多数学校的首要任务。特别是，教师掌握着学科内容和核心概念，了解学科的最新发展动态，是学生在知识学习过程中的领路人。

然而，人工智能技术，尤其是近年来以ChatGPT为代表的生成式AI的知识储备远远超越任何人类教师，导致教师知识垄断地位受到了极大的挑战。尽管人们对人工智能可信度保持较大争议，但是在数学、物理、化学等基础学科中，学科知识体系和理论框架经过了长期验证和实践，具有相当的稳定性，人工智能的可信度甚至会超过人类教师。

在人文社科类等与社会和人类文化息息相关的学科或者迅速崛起的新兴交叉学科中，知识体系相对开放、动态和多元，人工智能可信度取决于训练数据和算法的适用性，而人类教师可信度则完全依赖个体认知差异。此外，部分学校教师授课内容陈旧，忽略了学生实践能力和职业技能的培养，进一步导致教师角色在信息化时代被诟病。

2. 教学场域被部分颠覆

过去30年里，人工智能在教育领域的应用一直在不断变化，主要覆盖四大领域：一是分析和预测，主要用来预测学生的学业表现，识别出有风险和潜在辍学风险的学生；二是智能辅导，主要提供特定教学内容或为学生提供自动反馈；三是自适应个性化学习，主要用于基于学习者学习风格差异，满足其个性化学习需求；四是教学评估和评测，尤其在受新冠病毒的影响的那两年，在线学习和在线测试成为全球高等教育主要趋势，因此学生在线测试和作弊行为监测成为重要的教育应用。

在上述人工智能+教育领域的应用中，教师大多作为组织者或监管者，将人工智能作为日常教学工作的辅助工具。教学空间大多发生在教室或机房，人工智能需要安装到特定电脑甚至需要额外付费，学习资源体系化且经过严格审查，学习路径经过人工干预或算法规划。

人工智能虽然不是专业教育的工具，但如今它毫无疑问地已被师生作为泛在学习工具，提供的学习内容、学习时间、学习路径完全不受教师监管。我们可以像与人交互一样，向人工智能自由表达问题或需求。并且人工智能有问必答的即时反馈机制容易让学生远离晦涩难懂的教科书和浩如烟海的科技文献，将人工智能作为知识获取的捷径。

但人工智能提供的领域知识并未受到专业人员的严格审核，无法保证准确性和可靠性。尤其是大学生作为初级学习者，并不具备鉴别知识真假的能力。未来，我们如果过度依赖人工智能，容易造成知识获取碎片化，并不利于形成体系化的知识结构。特别是当部分不诚实的学生将其作为应对学业测试的辅助工具时，人工智能就从提高学习效率、促进知识传播的工具转变成学生实现不劳而获"合法作弊"的帮凶。

3. 创造力遭遇信任危机

人工智能惊人的创造力促使人类创造力遭遇前所未有的信任危机。这也是为什么ChatGPT在上线短短两个月的时间注册用户数过亿，89%美国大学生利用其辅助完成课程作业。这也直接导致纽约市教育系统全面封杀ChatGPT。中国香港大学明文规定禁止在课堂、作业和评估中使用ChatGPT或其他人工智能工具。斯坦福大学同期推出了监测AI生成文本工具。与此经历类似的还有为解决科学信息过载而研发的大型语言模型Galactica。但是，该软件试用版仅上线三天就被迫下架。

令人惊叹的创造力是导致这些人工智能软件被封杀的直接原因，而这又恰好是人工智能的核心竞争力。尽管人工智能的创新来源于元素重组，无法提供全新的解决方案，但其生产内容的流畅性和敏捷性成为人性弱点的放大器。原本用于解决信息过载的辅助工具被部分学习者滥用成答题机器；原本只是个性化学习的资源库被部分人作为答题模板。这些滥用行为导致部分使用者逐步失去自主学习的动力，最终丧失独立思考和创造能力，这导致作为科学交流质量控制者和科学高尚品质维护者的评议人体制受到摧毁式威胁。原本以严谨创新著称的学术界有可能因此充斥大量未加实验验证的AI论文，成为学术道德匮乏者文字游戏的名利场。

今天，当信息爆炸时代带来的高度不确定性导致当前高等教育机构很难满足知识体系快速演化的新需求。如果我们继续保持教育与人工智能的独立进化，将严重影响社会高速可持续发展。因此，我们必须借助人工智能的强势进化，倒逼未来在教学目标、教学内容、教学方式和评价方法等方面持续改革，从而实现高等教育数字化转型，从真正意义上赋能高等教育高质量发展。

数字化转型实践案例

信息技术和人工智能正在赋能教育领域，从智能化教学工具到个性化学习路径的设计，各种实践案例为我们呈现了一个全新的教育图景。在这个时代，教育不再仅仅是传授知识，更是重在培养学生创造力、批判性思维和解决问题的能力。接下来，我们深入研究了不同国家结合智慧和教育的实际案例，探索它们如何重新定义教育的未来，首先是美国萨米特学校。

有人说，人工智能对人类社会的颠覆，"大水已经没过了膝盖"。

麦肯锡全球研究院（McKinsey Global Institute）曾预测：随着科技的进步，到2030年，保守估计全球15%的人（约4亿人）会因人工智能发生工作变动。

既然如此，我们与其抗争，不如顺应。但在科学研究、艺术创作、人工智能设计等高创造性领域，高阶智能更有创造力，更有想象力，具有很大的空间，大有可为。而我始终认为，教育作为一个独特的领域，改变不是一朝一夕能够做到，多年来，我除了对国内高校进行实地调研考察与总结，还查阅了大量发达国家的资料，同时访问了多名在外国从事教育事业的友人，最终总结出了以下数字化转型实践案例供大家参考。

目前，世界各地以教育数字化为抓手在未来教育上开展了广泛的实践探索，既有从学习空间、学习方式、课程体系、学校组织等方面进行的"单点突破"式创新的未来学校，也有"全面推进"式创新的未来学校。下面，我选取几个典型代表就其基本现状和创新之处进行分析。

●美国萨米特公立学校

美国萨米特公立学校是一个非营利教育机构，主要运营加利福尼亚州和华盛顿特区几所公立特许学校。多年来，萨米特公立学校一直被《新闻周刊》和《美国新闻与世界报道》评选为美国最好的高中之一，学校以创新、个性化、基于能力的学习模式著称。学生在课堂上参加实践项目，项目涉及艺术、STEM、未来规划、健康、社会领导力等多个方面内容。学生每年参加为期八周的远征学习，这种体验式学习让学生接触到新的职业和志愿者途径，同时培养他们的目标感。在这种新模式中，学生自主掌握基本课程内容，解放出更多课堂时间用于能促进深度学习的项目和其他活动中。

1. 自主学习

萨米特公立学校拥有一套自主学习体系，它帮助学生制定短期、中期和长期目标，并投入大量的时间练习。学校每天有一小时专门培养学生独立学习的能力，学生也可以选择与同学或老师研究各种课题。在此过程中，老师并非脱离教学，而是转为"引路人"的角色，引导学生去思考目标与自身的距离。自主学习时间的最后10分钟，老师会召集学生回顾过去的一小时内容，以及制定目标的整个过程，看看哪里做得好，以及为什么。比如一位名为伊桑的学生就将化学课程列入了自己的年度计划，并号召感兴趣的同学一起尝试多了解课程内容，根据难易程度决定要不要深入学习。鉴于学校没有相关的学分课程，想要了解自己到底掌握了多少知识，则可以参加预科考试。因此，他们首先建立了一个学校小组，找到了一本大学化学预科教材，利用可汗学院的资料和其他资料辅助学习。其次，他们对学习内容进行项目化管理，制作播放列表和详细的学习进度表。最后，他们向导师申请自习时间，有相关学科经验的导师成了他们的化学专科老师，帮助他们完善学习计划。

2. 项目式学习

萨米特公立学校自行设计项目式学习课程，发动老师直接参与其中。学校成立之初，老师们用了好几个暑假，不断扩展、更新和优化项目式学习课程，分成不同的小组，参考手上最成功的教学案例，并在此基础上结合对学生重要技能和习惯的培养要求，设计出全新的课题项目。在项目式学习中，深入讨论、规划、调研、制作模型、写作和大量的批判性思考取代了教室老师的单一授课。学生逐渐找到了学习的热情，明白学习不仅是书本上的几句话。

3. 中小学STEM课程设计

萨米特公立学校在1~5年级设置了阅读、写作、数学、科学、社会学习、艺术、体育健康和世界语言课，在6~8年级设置了英语文学课、数学、科学、技术、社会学习、音乐、体育和健康教育、世界语言、艺术、戏剧等课程。

在课程教学中，教师以解决问题的方式进行教学，用相关科目的知识原理处理现实生活中真实存在的问题，使学生在一个具有支持性的、适合发展的环境中学习。学校教育委员会的目标是让萨米特公立学校成为STEM教育的领导者，提供基于问题的真实学习机会。比如，在数学课中，学生被要求以具有现实意义的方式运用数学，以此发展推理和解决问题的能力，并逐渐认识到数学在生活中的用处。科学课程使用综合和螺旋设计，将生命、地球和物理这三门科学融合到各年级教学中，满足学生兴趣需要。该校还注重基于调研探究、动手操作方式等相互关联的学习方法，以培养学生成为科学家所需的技能。

技术导论或者技术教育是6年级或7年级的STEM课程，旨在向学生介绍技术的含义及其与科学的关系，课程以项目为基础，侧重运用21世纪协作技能、创造力、批判性思维和沟通能力来解决一系列问题。学生按工程设计步骤学习：识别问题，通过头脑风暴提出解决方案，设计、建模和测试，最后将它们应用到设计挑战中。6年级学生学习齿轮和其他简单的机器，并建造和测试乐高汽车；7年级学生学习齿轮和其他简单的机器，并构建、编码和测试乐高机器人。在最终的项目中，学生将学习使用基本的木工手工工具，并使用计算机为最终的木工项目制作模板。工程课程以学生为中心，通过设计一系列项目让学生接触到各种类型的课题，为分析、评价和创造等更高层次的学习创造机会，同时提高他们的"创客技能"。在他们最终项目的设计、工程和开发过程中，学生将应用他们的科学和数学知识、工程制图来开发一个功能性和可测试的产品。

4. 高中高质量课程设计

在萨米特公立学校，学校课程难度超越了国家标准。学校要求学生在9~12年级期间，必须完成130学分，即必须修满26个全学年的课程，并且在所修课程中必须包含英语、世界历史、美国历史、数学、科学、世界语、视觉与表演艺术、财经素养课、体育与健康，以及职业、消费、家庭和生活技能课。其中，数学课程要求必须涵盖：代数Ⅰ、几何和代数Ⅱ或建立在代数和几何的概念和技能上的高三数学课程，旨在为学生大学和职业生涯做准备。科学课程则要求学生必须完成至少5个学分的实验生物、生命科学化学、环境科学或物理实验、探究性科学课程，以及第三实验/探究性科学课程或其他等效内容。学生可以通过修一门世界语言来获得5个必修学分。学校所有学生在大学预科课程5门核心科目和选修课中均展现了他们的实力和才能。在高年级，每个学生都完成了大学先修课程（AP）和考试。学校所有课程都符合所处州的学生学习标准，教师实施创新和互动的教学实践，以使学生接触具有挑战性的活动。为满足不断变化的技术世界需求，学校将编码和机器人课程设置为高中更高级课程的入门课程。

除了在课程上的个性化创新设计，萨米特并不排斥集体学习。学校使用的是多学科结合的方式，学生拥有更多的可自由支配的时间，可以根据自己的兴趣点决定自己的学习方向与内容，进行自我指导式学习，授课教师也可以从旁指导。这样的集体学习相比于传统的班级课堂，更能促进学生的个人发展。集体学习与个性化学习以一种相互包容的形式共存，在集体学习中，充分考虑学生的个体差异，根据学生对课程关注点的差异组成不同的集体进行学习。

除此之外，萨米特公立学校自建立起就开始着手打造自己的导师队伍。每一位导师和学生都会建立一对一的关系，同时，同一导师负责的整组学生会经常待在一起。在孩子们的学习生涯中，导师将成为最有经验和最可信赖的引路人。对于导师来说，他们身兼教书和育人两项职责。他们不仅要教会学生们必要的课程知识，还要帮助他们面对口吃、自卑、焦虑等生理或心理困境，这样的教学帮助学生认识到自身价值，明白学习不仅是书本上的几句话，同时重拾面对未来的信心！

●新加坡崇辉小学

众所周知，新加坡十分重视发展信息技术，尤其重视在教育领域使用信息科技等现代化技术手段。2007年，新加坡政府推行了"未来学校"项目，"未来学校"计划是新加坡重视信息技术在中小学教育中应用的一个重要举措。

新加坡"智慧国计划"强调，"未来学校"不仅要适时开发形式各异的教育样本以满足不同学习者的需求，而且要成为使用类似交互式数字媒体等资讯技术的示范学校。

崇辉小学（Beacon Primary School）位于新加坡西部，是新加坡"未来学校"项目下开设的第一所新兴小学，2008年1月开始运营，2010年7月23日正式开放。崇辉小学的使命是在充满活力的环境中利用技术和研究，通过创新方法，培养和激励学习者。崇辉小学的愿景是，一个优雅的活跃和富有创造力的学习者社区，他们具有全球视野，植根于价值观，对未来充满热情。崇辉小学相信，为了应对未来的挑战，所有的学习者都必须将他们的学习范围扩展到知识、技能和价值之外，以培养未来能够有所作为的能力。

崇辉小学的学习框架是利用ICT优化教学过程，学校所有的教室都采用无线连接和一对一计算技术，学生和教师在无线环境中使用笔记本电脑、交互式白板和其他相关的ICT工具。崇辉小学的学习环境包括物理空间和虚拟空间。在物理空间方面，学校提供完善的基础设施，如校园无线网络、教室的交互式白板、灵活的学习空间和家具；在虚拟空间方面，学校积极探索软件应用程序的使用，如使用Moodle、博客之类的软件应用程序来促进ICT与课程的整合。

1. 一对一数字化学习

崇辉小学实施了一对一数字化学习项目，旨在为每位学生提供个人学习设备，使学生能够以有意义、有效的方式学习。

该项目不仅为学生提供了一个随时随地学习的环境，而且为学生提供了更多的数字化学习资源和信息，并将学习扩展到课堂之外，使学生访问信息和知识的世界以增强自身学习能力。学校提供全校范围的无线环境，允许学生利用网络上的大量信息。在一对一数字化环境中学习可以使学生掌握21世纪的技能，并为日益技术驱动的世界做好准备。

在校长的指导下，ICT协调员每年与家长进行专题小组讨论，解释一对一数字化学习的情况，收集和分析每一组学生和家长的反馈和建议，不断完善课程。在技术人员的帮助下，ICT协调员还对学校ICT基础设施和设备进行维护、盘点和技术更新，ICT协调员还参与培训教师使用ICT硬件设备和软件应用。课程协调员在学校的一对一数字化学习项目中也发挥了重要的作用，各科目的课程协调员与其他教师一起制定详细的课程计划，为学生设计和开发基于ICT的创新课程。

崇辉小学在实施了一对一数字化项目后，对学生进行了问卷调查得到了学生的积极反馈。根据调查结果显示，100%的学生认为电脑是学习的有用工具。97%的学生认为使用电脑能够拓展和增强他们的学习，并激发学习兴趣。96.5%的学生表示他们喜欢使用电脑学习，并且知道如何正确使用计算机。学生们还表示老师经常使用电脑进行教学，并且他们的老师对技术充满信心。

2. 数字化故事

崇辉小学实施了数字化故事（Digital story telling）教学模式，在多种语言的学习和教学中进行了成功的实践。数字化故事是指学生利用多媒体资源（如图像、声音、动画、视频等）和文本进行创作和分享故事。这种融合了ICT的故事创作形式，培养了学生的技术素养和信息素养。数字化故事重点在于学生交流学到的知识以及通过构建故事来提高学生使用信息化技术的能力。

在崇辉小学的语言课程上，学生们使用易于使用且随时可用的应用程序来创建他们的数字故事。教师熟悉软件应用程序，学生也能在短时间内学会必要的技能。学校提供的免费在线存储空间也用于学生分享和邀请同龄人对他们创作的数字故事的评论。通过这个过程，学生们根据同学和老师的反馈不断改进数字故事，以提高他们的作品质量。例如，一年级学生们通过讲述他们在新加坡动物园等学习旅程中的经历，来创造数字故事；二年级学生将他们在唐人街的学习旅程中的经历创作成数字故事，作为社会研究和英语课程的一部分；学生还将拍摄照片并讲述他们的经历及分享他们的思考的叙述记录在这些应用程序上。又如一些学生在去唐人街学习的过程中选择了具有东方特色的音乐作为他们的数字故事。通过数字化故事，学生回顾自己的学习经历、总结学习经验并不断反思自己的观点。在数字化故事讲述的过程中，学生锻炼了自己的表达能力和认知能力，加深了对外部世界的理解。

各种科目的教师也积极探索在课程中使用ICT的不同方法，如英语和母语课程教师使用演示软件应用程序来吸引学生创建他们的数字故事。学生用文字、数字图像、动画和配音来学习语言课程，并从中获得ICT技能。

3. 3D仿真学习环境

崇辉小学把3D学习环境融入学校教学系统中，为学生创造了独特的且具有创新性的学习环境——"崇辉世界"。

这是一种交互式、拥有多种虚拟学习工具和学习场景的3D仿真学习环境。在虚拟世界里，有3D画室，在这里教师可以展示学生的创作作品，学习者可以收集到其他同学对作品的反馈和评价，并在原有的基础上修饰和完善自己的创作；现场竞技场（Live Arena）是一个虚拟的场景，由一个公共区域和附加的虚拟空间组成，在这里，参与者可以通过一套通信工具进行互动，并交流意见和经验。学生可以在这里进行辩论、演说、广播和现场音频通信等，同时父母也可以参与学生的学习。在"崇辉世界"里，学生沉浸在3D世界中，拥有更多机会去体验别样的学习经历，更愿意对知识进行创新性的理解和学习。"崇辉世界"学习项目在很大程度上提高了学生思考、交流和运用信息技术的能力,同时加强了学生在学习中的创新和协作能力。

4. 翻转课堂

翻转课堂是一种线上线下相结合的混合学习形式。课前,学生在线学习相关内容;课堂上,教师不再授课,给予学生必要的辅导。这种模式下,教与学的过程发生在课外;课堂上,则将学生分成小组,解决个人在学习过程中遇到的问题,进行组内讨论、实验等。

崇辉小学在教学中实施了翻转课堂,以提高学生参与课堂的兴趣和学业表现。课前,学生观看教师制作的网上视频、自学有关求和的概念;课堂上,学生在教师的指导下集中精力进行有关求和的练习。翻转课堂教学法受到教师和学生的一致青睐。他们在报告中指出,翻转课堂有助于学生的学习,能够提高他们的学业表现,尤其是数学成绩。

翻转课堂的原理是放手让学生对知识进行归纳,以及独立解决学习中遇到的问题,教师只对那些需要更多帮助的学生给予帮助。运用数字手段,教师通过制作的视频或其他媒体形式,实现了在课堂之前进行授课。互联网使翻转课堂教学模式中传输必要的学习内容成为可能。

我们看到,以崇辉小学为代表的"未来学校"作为教育在信息技术应用、课程和教学等方面的创新示范窗口,纷纷对未来教育模式展开了各具特色的实践探索,以满足不同学习者的个性化学习需求,达到了信息科技促进教育发展的目的,使新加坡走在了信息科技运用的最前端,为实现所有学校都能使用信息科技的目标奠定了坚实的基础!

●爱尔兰lechéile中学

lechéile中学成立于2014年9月,旨在为学生提供舒适、关爱的环境,实现学生作为人的价值和尊严。学校招收来自各种文化背景的学生,强调多元、尊重和信任。作为一所成立于爱尔兰教育改革时期的学校,该校力图在文化、课程和教学方面都有所变化,创建一所面向未来的学校。其愿景基于以下信念：小事也重要；我们既是教师，也是学习者；我们可以通过创新改造世界；信念使我们充满喜悦；我们在一起；力争做最好的自己；差异是值得庆祝的。

lechéile中学是一所没有书本的学校，人手一个平板，技术广泛应用于教学。

1. 制定数字化教学方案

lechéile中学运用技术支持教学，2015年10月制定了《学校数字化方案2015—2020》。该方案根据联合国教科文组织信息技术能力框架结合爱尔兰实际制定，同时借鉴了其他欧洲国家和国际上的数字能力框架。方案的愿景包括：实现数字技术在促进教学和评价中的潜力，以使爱尔兰年轻人成为思考者、积极学习者、知识建构者和全球公民。方案使学生能够创新学习形式，满足学生个性化需求，也使教师成为学习的促进者，以学生为中心进行指导和反馈，注重培养学生探究和团队合作精神。学校运用信息技术支持学生的探究过程，使学生通过基于项目的学习致力于解决复杂的真实世界问题。方案中数字技术主要在以下领域运用：促进学校开展有效教学，根据建构主义原则将数字技术运用于教学，通过跨学科合作促进学习共同体的发展，学校内各层面促进有效互动。

根据《学校数字化方案》，学校成立了数字化教学团队，制定了《数字化教学行动方案》，近两年重点关注领域为教育评价。数字化教学团队成员涉及各学科教师，力争在设计教学计划时将技术融入各学科，团队成员定期开会，对现有数字化教学实践进行评价和改进。

2. 完善数字化设备配置

lechéile中学为开展全校数字化教学，完善数字化设备配置：全校开通无线网络，每个教室配备投影仪和苹果电视机；每名教师配备iPad和苹果笔记本或台式电脑；学校有三个计算机教室共60台电脑，可以上编程课和计算机科学课，还有18台电脑装有solidworks软件；三间教室配备互动白板；学校图书馆配备互动白板；学校建有虚拟学习平台schoology支持教学和评价；每名师生都有Microsoft 365账号；运用协同办公软件进行合作和备课；教职人员之间主要的交流途径是Outlook；教职人员与学生之间主要的交流途径是schoology；VSWare用来记录学生信息、出勤以及评价等情况，所有家长可以查看自己孩子的情况。

3. 利用翻转课堂进行教学

lechéile中学利用翻转课堂进行教学，真正实现了个性化和差异化教学，对学生有极大助益。教师运用数字白板系统设计课程，对新概念进行讲解、布置学习任务。学生课前学习，课上与教师积极互动。教师按照课程大纲准备资源，内容符合学生的能力和学习方式。翻转课堂的方式为学生提供了拓展和挑战自我的机会，同时引导学生自主学习。学生在此过程中体验到愉悦、激情和成功。

在开创学习环境变革的过程中，lechéile中学更重视学生自主学习，学生可以自己创设学习内容，以满足他们不同的学习需求和学习方式。学生对学习负有极大自主权。学习的时间表不固定，学生可以自主选择上什么课，也可以混龄上课。学校鼓励差异教学，对学生采用不同的评价方式。

再如，学校每周一早上提供20种不同的工作坊式课程，主题涵盖地质数学、经济学、自行车维护、皮肤护理等。学生可以自主选择想要参加的项目，周一早上自主开展项目式学习。学生自主安排学习，锻炼了自主能力、决策能力和自我管理能力。

不仅如此，学校鼓励学生合作学习，学生之间合作探究、讨论分享。为此，教室的家具设计有利于学生进行小组合作。椅子刷有五种不同的颜色，方便学生分组。教室窗户是干净的易擦材质，方便进行头脑风暴。走廊里有座位区放有舒适的椅子方便学生随时驻足聊天。如果学生不在校，或者不在同一年级同一班，他们也可以利用线上平台进行交流分享。

如此一来，学校的整体创新受到了家长和学生的广泛认可。他们认为学校教学方式多样，学生学习自主，师生关系互动性也更强。可想而知，如果没有信息技术的介入，很多学习经历是不可能实现的。

PART 2

路径探索：
未来教育的 AI 密码

纵观时代潮流，人工智能发展空前活跃，亟须推动产业升级的智能型专业人才支持。伴随着人工智能、大数据、区块链等新技术的飞速发展，社会转型更加强调培养人才的核心素养与关键能力，而传统教育体系已经无法满足新型人才培养需求，这就迫切需要人工智能在人才培养"去标准化"进程中赋予重要新动能。在人工智能与教育双向赋能的背景下，如何利用人工智能促进新时期教育创新创变，成为亟待研究与探索的重要课题。

然而，在这场变革中，什么始终不变？什么要改变而且必须改变？

在变化的过程中，我们要继续做什么，需要抛弃什么，需要创新什么？

其实，教育在人工智能面前，教可以被替代，育不能被替代。为什么这么说？这一切的一切都需要我们去寻找答案。

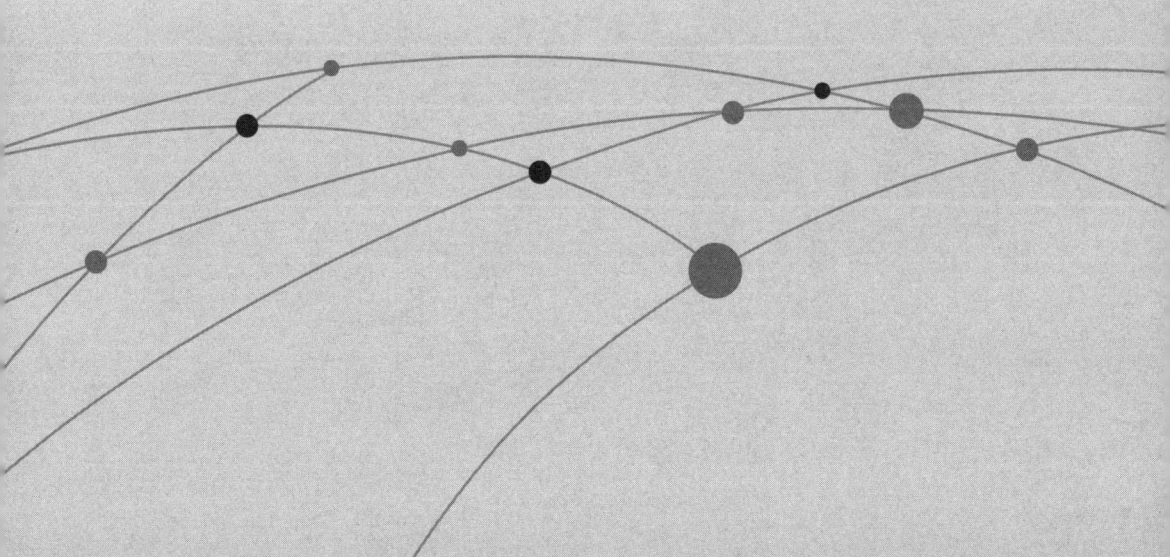

第 4 章
Chapter 4

人工智能重新定义
教育的未来

什么是人工智能取代不了的能力

很多业界朋友问过我：人工智能会取代教师而成为教育的主导者吗？会让学校消亡吗？

答案显然是否定的。

一个例子是，在某些情况下，人工智能无法像教师一样提供情感支持和社交互动。人工智能系统可以提供知识和技能指导，但它们无法像教师一样理解学生的情感和需求，也无法像教师一样与学生建立亲密的关系。

正如一枚硬币有正反两面，AI在为教育带来巨大变革的同时，也带来了一些挑战。数据隐私和安全问题、AI系统的可靠性和有效性问题以及教师对新技术的接受度问题等都需要我们在推进AI教育应用的过程中进行积极的探讨和研究。同时，我们也要认识到，AI只是工具，真正的教育还需要教师的引导和关爱。

此外，人工智能也无法像教师一样提供全面的教育体验。教育不仅仅是传授知识，还包括培养学生的社交能力、创造力和批判性思维等。教师可以通过与学生的互动和引导，提供这种全面的教育体验。而人工智能则无法提供这种全面的教育体验，因为它们缺乏人类的智慧和经验。

因此，尽管人工智能在教育领域有着广泛的应用，但它们无法取代教师的角色和作用。教师可以通过与学生建立亲密的关系、提供情感支持和全面的教育体验，为学生提供更全面的教育体验。

● 人工智能短时间内无法取代教师的作用

一些程序化的教育教学工作或者可以由人工智能机器来代替教师进行，但是在教育教学过程中，人际交往，以及情绪的交流、共情的引导和形成，是人工智能难以做到的。同时，灵感起着重要的发明和创造作用，是无法被程序化以及用逻辑的方式运作的，只能通过"无法言传只能意会"的方式去体悟。而这恰恰是21世纪胜任力所需要教育培养的技能中最重要的人的素养。

所以，教师的作用是无法被取代的，学校教育空间中的人与人的交往是人的发展所必需的东西。当然，发展21世纪胜任力的教育需要有更高素养和能力的教师，传统的只懂"授业"的教师是难以胜任的。

更为重要的是，未来的学校教育，教师不仅仅是传授知识性的内容，而是进行价值观塑造，这种塑造必须在人际交往中去完成和实现，这显然不是人工智能的程序教育所能胜任的任务了。

价值观的塑造是"用一颗心去感染另一颗心""用真情去养育一个人"，程序化的学习解决不了这个问题。在真正的人的教育中，即使是程序性的知识，也是需要进行价值审视的，人的学习不能只关注"科学性"，还需要重视"情感性"和"价值性"。比如对于学生知识上的错误，如何评价和反馈，什么时候评价和反馈是需要考虑"情感性"和"价值性"的，不能仅仅考虑"即时"和"纠错"的标准。同样的学习错误，评价和反馈是需要关注被评价的人的个性、情感，以及当时其所处的环境等复杂因素，这显然不是人工智能所能"正确处理"的问题。

据此，我们可以初步得出这样的结论：**人工智能对教育很重要，人工智能背景下的教育会带来传统教育方式的根本性的变革**。但是，我们将人工智能运用于教育时，需要足够谨慎，人工智能只是工具和辅助教育的手段，它不能取代教师的教育主导作用，不能取代学校教育的场景。我们需要时刻牢记，人工智能对于人而言只是一种工具，如同机器延伸和增强了人的四肢，人工智能延伸和增强了人的大脑，但是它并不能取代人脑，更不能取代人本身。所以，真正的教育始终都是人的教育，是人的学习和发展。

● 重塑教育不能本末倒置，有些东西始终不会改变

有人说，人工智能时代，价值观是人类最后的高地，最终的尊严。还有，思维能力，特别是反思能力。这是作为人所特有的。哲学给人类的这两个东西，无论什么时代，都不能被替代。正如我们在第2章开篇所讲的那样，教育的本质始终是不变的。

教育中的"不变"主要包括四个方面，具体如图4-1所示：

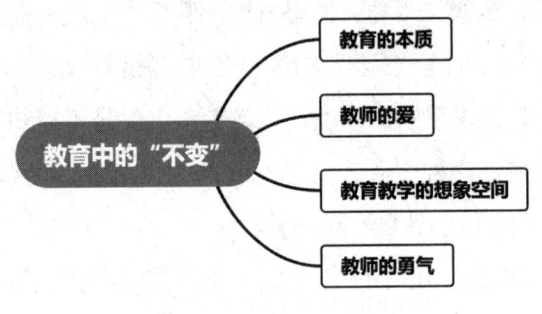

图4-1 教育中的"不变"

1. 教育的本质始终不变

教育，就是教育者与受教育者之间，在相互定义、相互照耀、相互成就之中，挖掘、提升和创造彼此的生命价值。这是我对教育的本质的理解。教育的本质一定离不开师生之间的关系。我特别看重第一个，相互定义。

我经常听到老师跟自己的学生说："你在我这儿读了三四年书，我们能够相互定义。我用我的知识、能力、事业、格局和我的人格定义了你这个学生。我的优势可能就是你的优势，我的局限可能就成为你的局限。"

反过来，你的发展，你未来的成就，也定义了我这个老师。这是教育的本质，是双向的、相互的、交互生成的。叶澜老师曾提出教育就是教天地人事，育生命自觉。这就是教育的本质。无论技术怎么更新换代，时代怎么变迁，教育的本质继续长存。

2. 教师的爱始终不变

热爱教学、学生和学习。我经常引用北京史家教育集团王欢校长的一句名言："只有教师好好学习，学生才能天天向上。只有教师好好学习，教育才能天天向上。"我们天天在课堂上教孩子爱学习、会学习，我们自己爱学习、会学习吗？

3. 教育教学的想象空间始终不变

教师的想象力，和别的职业不同在哪里？是对你所教的学生的生命成长可能的想象力，他可以走到哪里去、可以发展到哪里去的想象力，是对教学可能的想象力。

归根结底，教学本来就是充满无限可能的。为什么会有同课异构？背后的理念就是教学有无限的可能。

4. 教师的勇气始终不变

即面对教育之难、教学之重的勇气。所有老师都知道，教育教学有多难，担子有多重。这是面对教学遗憾、挫折和失败的勇气，更是坚持、坚守、坚定和坚韧的勇气。

在走访过程中，我曾听一位上海职业学校的校长这样感叹道：现在很多老师、校长不是不知道理想的价值观，什么是好学校、好教育、好教师，不是不知道不要唯分数、升学率、成绩论。但教育价值观有了，你有坚守、坚定的勇气吗？这个不应该改变。

没错，无论未来我们在教学环境、教师队伍以及教学方式上如何变革，我认为，上述这些都不应该改变。我们还应在此基础上大胆创新，继续与教育、与教师同在。

未来，我们要改变什么

在我看来，人工智能带给高质量教育和学校教育最根本的挑战，不是技术挑战，不是方法挑战，不是教学内容的挑战，是对人的挑战、对教师的挑战。

最需要的改变是教师的改变，最需要的创新是教师成为创新者，要改变教师的专业角色，要改变教师的专业能力。

今天，世界各国都非常重视教育公平，积极实施教育信息化的定向倾斜策略，注重对弱势地区或群体进行优惠或补偿，帮助贫困地区和农村学校跨越"数字鸿沟"。除此之外，一些国家还出台政策措施，提出要优先关注教师专业发展，鼓励教师利用信息化手段开展教学创新，帮助教师获得与信息化教学相适应的意识、理念和能力，实现教师的角色转型。

例如，欧盟发布了欧洲教育者数字能力框架；芬兰面向所有学校遴选和培训"数字化教学培训师"；英国教育部与特许教育学院合作，推出针对教育领导者及教师的免费在线培训课程；法国通过中小学教师继续教育的培训系统，对教师开展教育数字化继续教育培训，培训合格的教师可以获得相应的硕士文凭认证等。

● 摆脱人工智能的影子，重塑教师角色

尽管人工智能应用产品在数据处理方面要明显优于人类，但作为一种基于数据训练的技术科学，它们虽具备知识基础、推理能力和表达能力，但并不具备自我意识，在面对情感交流、人文关怀等非预设性问题时还无法展现出超越人类教师的创造性与独特性，因而人工智能始终无法真正取代教师。

不过，这并不足以说明教师职业仍安全无忧，我们还要重视人工智能对教师角色定位造成的冲击。

1. 正视技术——教师应该正确看待人工智能技术

美国有一项对于1 192名教师的问卷调查显示，当前中小学教师（尤其是50岁以上教师）的人工智能焦虑情绪偏高，他们普遍认为人工智能在教育领域的广泛应用将威胁到他们的工作。首先，这种抵触性的技术观念将不利于教师们利用人工智能帮助自己从机械重复的教育劳动中解放出来，也会使学生在耳濡目染之下对新型技术产生排斥心理。其次，教师应该重新定位自身的职业价值。教师将不得不逐步接受人工智能技术在知识教学方面所具备的优势，并且有必要将"经师"角色让渡给人工智能技术，着重思考如何增强自身作为"人师"的价值，帮助学生领悟人工智能所带来的思维模式、信任机制的变化。正如雅斯贝尔斯所言，教育要使学生"自由地生成，并启迪其自由天性"。

另外，已有研究表明，我国教师的信息素养还不是很理想，尤其是在信息甄别意识、信息技术应用层次、信息化教学创新水平等方面。

2. 提高质量——未来教学对教师能力提出了新的要求

在未来，人工智能的推广应用必将在短期内对教师的能力提出新的要求。教师不仅应该能够借助人工智能等产品开展行政工作、完善教学设计、形成教研成果，能更为便捷地完成教学方案、研究设计、工作报告等，还应该有能力识别学生所给出的答案是从人工智能平台复制粘贴的，还是自己对已有信息进行批判性分析后生成的。人工智能的生成式特性还将改变师生的互动方式，这也会对教师的沟通交流能力、反思实践能力提出更高的要求。

比如，过去习以为常的口耳相传的"人—人"交流将更多地被"人—机""人—机—人"的交流所替代，教师需要避免将原本智慧融合、思想碰撞、情感交织的教育过程简单化地变成套路固定、形式简单、内容枯燥的"程序性对话"，避免将课堂教学停留在"提问→回答"的形式交流层面。比如，ChatGPT虽然可以提供强大的文本生成功能，帮助教师撰写教学方案、实践案例、作业设计，但是教师不能因此放松对自身专业发展的要求，还是要坚持对教学实践进行反思，通过不断地价值反思、教学反思、学术反思，进而提升自身的教学质量！

面对人工智能，我们需要抛弃什么

人工智能让人类从繁重的体力劳动中解放出来，而脑力劳动依然是人类的沉重负担，人工智能的发明正是人类试图减轻脑力劳动的结果。

其实，人工智能的反对者只看到了机器的强大智能，但没有看到人工智能的终极控制权依然掌握在人类手中，因为无论如何，人工智能的最初设计者和控制者是人类。

人工智能只是智力有可能超越人类，而人类主要是依靠更加复杂的智慧来解决问题的，机器的智慧还远不如人类，所以我们没有必要害怕。

换句话来说，论单项冠军，飞机、火车以及各种机器都比人类强，但人类是具有智慧能力的全能冠军，任何技术或机器都无法与人类相媲美，人工智能也是如此。

●摒弃"杞人忧天"的思维定式

人工智能的再度兴起，人们的反应比较复杂，有人特别兴奋，认为智能时代人类可能获得全面解放；有些人则悲伤，认为人工智能是潘多拉魔盒，一旦将其打开，人类将成为受害者。

最有代表性的人物有英国物理学家斯蒂芬·霍金，他在去世前还在谆谆告诫世人，人工智能在其初级阶段的确可能给人类带来便利，但它的进化速度太快，远超人类的进化速度，因此人类未来不是它的对手，未来人工智能也许会是人类的终结者。国内也有一些反人工智能的学者在不断发声，呼吁停止研发人工智能。学者们的反对之声在大众之中激起了强烈的反响，他们一方面享受着人工智能技术带来的各种便利，另一方面又惴惴不安，担心人工智能给自己带来威胁。

总体来说，人工智能技术的研发者对人工智能是乐观的，而人文学者和大众对人工智能更多的是持悲观态度。这种悲观态度和反对声音直接影响了人们对人工智能的科学认知，甚至可能影响我国人工智能的顶层政策设计。

人们为什么对人工智能持悲观态度，甚至对其进行妖魔化呢？

在本书开篇我们就说道，这主要是因为人工智能技术才刚刚开始，存在诸多不确定性，人们对它的未来发展还缺少科学认知。

具体来说，主要有如下四大理由：

一是人工智能进化得太快，将来会比人类聪明；

二是人工智能将逐渐取代人类劳动，人类将逐渐走向失业；

三是人工智能将摆脱人的控制；

四是人类将会被人工智能奴役，从而失去自由。

面对人工智能的快速发展，我们人类面临的为什么不会是机遇而只是挑战呢？人工智能为什么就一定会成为人类的对立面呢？反对者们的主要根据比较勉强，他们经常拿各种科幻小说或好莱坞科幻电影所描述的人机大战场景来佐证，或者根据目前人工智能发展的状态做简单线性外推，认为按照这个速度，未来人工智能必然超越人类。其实，他们所描述的人工智能与未来人类的关系有点过分恐怖和灰暗，而且理由并不充分。

我们知道，目前的人工智能主要是高速芯片利用互联网上的海量数据进行高速处理，靠的是计算能力，属于计算型智能。但是，人类的智能则不完全依靠数据和计算，主要依靠的是复杂的大脑神经网络结构对事物进行综合判断，只需要少量数据也能做出正确的综合判断。因此，人类不仅具有以数据和计算为基础的智能，更具有跳出数据和计算也能做出正确判断的智慧能力。

依靠数据和计算进行正确判断的能力叫作理性能力，人工智能在理性能力方面的确进步神速，其在数据采集、存储、计算和分析的能力，人类可能自叹不如。

但是，构成人类综合判断能力的除理性能力外，还有非理性的情感能力和意志能力，人工智能芯片目前还缺乏情感能力和意志能力。此外，人类还有灵活的行动能力，而人工智能目前即使拥有强大的计算能力，但其行动能力的灵活性依然还不如三岁孩童。因此，仅仅凭强大的计算智能，人工智能还是不可能与具有综合判断能力且充满生活智慧的人类相抗衡。

其实换个角度来看，这是人类解放的开始，是教育创新的土壤。人工智能逐渐取代人类劳动从而可能带来失业，是普罗大众对人工智能最担心、最恐惧的事情。人类最早完全依靠自身来获取生存所需要的各种资源，但这种生活方式很艰辛，于是人类逐渐发明了各种技术手段来减轻自己的劳动负担。所以，减轻劳动负担、提高劳动效率一直是人类的追求。

人工智能逐渐取代人的体力劳动和脑力劳动，让人类从繁重的体力劳动中逐渐退场，在短期内的确会带来一部分人的失业，而且在当下按劳分配的今天可能失去必要的生活资料。但是，人工智能代替人的劳动的过程其实就是人的全面解放的过程。

在人工智能的帮助下，人类终于可以摆脱繁重的体力和脑力劳动，摆脱长期以来劳动分工对人类职业的固化。人类因人工智能而无须被强制劳动，无须被固定在某个职业岗位，人类由此有了闲暇和自由，在这一点上却有共通之处。

其实，人类与人工智能各有长处，相互之间优势互补，相互都需要对方的存在。如果人工智能完全摆脱了人类，那么其存在也就失去了自身的意义。况且，人工智能和人类的存在都需要具备一定的存在条件。

人工智能所需要的主要是金属元件、电力、网络和数据等，而人类所需要的则比较复杂，心理学家马斯洛曾用需要层次论详细分析了人的生理、安全、社交、自尊和自我实现等从物质到精神的五个层次的需要。

人工智能只是智力有可能超越人类，而人类主要是依靠更加复杂的智慧来解决问题的，机器的智慧还远不如人类，当我们走在人工智能全面发展的道路上，我们唯一要做的就是摒弃"杞人忧天"的思维模式。

我国教育数字化转型路径初探

自古以来，技术变革与教育创新之间始终存在着复杂且微妙的联系：技术变革增加了人们对教育创新的需求，而教育创新则进一步推动了技术变革。在农耕社会，锄头、镰刀等原始的劳动工具提高了人类的生产力，教育得以成为独立于社会生产的专门活动，人们的学习方式从代际传承转向系统传授。在工业社会，蒸汽机、发电机的发明使人类可以不再依赖于体力劳动而生存，现代学校教育制度得以确立，人的全面发展成为可能。进入信息时代之后，通信技术和计算机技术的飞速发展和广泛应用，为人类的社会关系增加了信息要素，学校的时空界限发生了变化，教学的表现形式更为多元，学生们有动力也更有条件开展自主学习……不可否认的是，技术变革一直驱动着教育创新，而每一次教育创新也为下一轮技术变革播下了"种子"。

在人工智能与数字化背景下，我国教育数字化转型正处于数据化赋能到平台化应用的过渡阶段，各级教育部门已基本达成立德树人，五育并举，培养学生核心素养的教育育人目标转变方向共识，初步具备教育数字化意识，实践上呈现散点式数字化转型探索。

例如，深圳市龙岗区智慧教育示范区项目。

深圳市龙岗区智慧教育示范区项目是深圳市龙岗区政府与华中师范大学合作共建的项目，旨在探索数字化转型背景下区域智慧教育创新发展的新路径和新模式。该项目以龙岗区为实践基地，通过构建"一平台、三融合、五高"的智慧教育生态体系，推动区域教育数字化转型和高质量发展。

具体来说，该项目依托华中师范大学强大的科研实力和先进的信息化技术，以大数据、人工智能等技术手段为支撑，以"互联网+教育"为驱动，以"一平台、三融合、五高"为实施路径，打造具有龙岗特色的智慧教育生态体系。其中，"一平台"指构建区域智慧教育云平台，实现各类教育资源整合和共享；"三融合"指信息技术与教育教学深度融合、信息技术与教育治理全面融合、信息化技术与师资队伍全面融合；"五高"指高标准建设、高质量发展、高效能管理、高品质服务、高水平示范。

在项目实施过程中，华中师范大学和龙岗区政府共同成立智慧教育大数据研究院，开展智慧教育领域的研发与应用推广；同时，华中师范大学与龙岗区教师进修学校合作成立"教师能力发展中心"，共同开展教师培训和研修活动。

该项目的成功实施将为我国教育数字化转型提供可借鉴的经验和可操作的路径，推动我国教育现代化进程。

● 从传统到未来的跃迁

从目前来看，我国教育具备一定的教育数字化转型硬件及网络环境基础，在部分场景下实现了业务流程数字化优化，如智慧作业、虚拟仿真实验等。

针对我国推进教育数字化转型的实施路径，参考其他行业数字化转型及国际教育数字化转型成功经验，提出以下建议。

1. 明确人才培养方向，达成教育数字化转型目标共识

教育数字化转型下的未来教育应从培养知识人转向培养智慧人，要将立德树人和培养学生核心素养作为核心。数字化是对社会经济各行业的巨大变革，教育数字化作为数字经济发展的有力支撑，核心在于更加公平、高效、精准地培养符合数字经济发展需求的人才，即不能脱离教育的育人本质。

因此，教育数字化转型的第一步工作将极大区别于其他产业数字化转型，需要从数字经济的人才需求提炼出教育本身的转型目标，即不只关注学生知识和技能的获得，也注重学生数字素养、健康素养的获得和人际交往能力、问题解决能力、创造力、社会责任等方面的培养。只有达成了对传统教育向未来教育转型的目标共识，开展教育数字化才能起到支撑数字经济的战略作用，实现数字化时代我国教育整体变革与弯道超车。

2. 改进和建立科学适切的教育评价体系，落实教育目标转变，引领数字化背景下的教育转型

教育评价体系应与教育目标转变保持一致。在数字化背景下，教育目标从"知识习得"向"核心素养"转变，为落实教育目标转变，引领教育转型，应改进和建立科学适切的教育评价体系。基于我国教育实际情况，可分阶段改进和建立科学适切的教育评价体系，探索教育评价功能由单纯的"选拔"向"导向""诊断""育人"等功能进行延展。推动建设包含德智体美劳的可测量的综合素质评价指标体系，强调教育评价导向作用；深化智慧作业、精准教育实践，推进大规模因材施教，充分发挥教育评价的诊断功能；探索基于学生大数据的过程性评价、表现性评价实践模式，探索教育评价的育人功能。

3. 开展教育数字化顶层设计，完善相关建设标准与数据安全标准

教育数字化是社会数字化转型和数字经济的重要组成部分，所以我们应立足我国数字中国、数字经济宏观政策、教育改革现状和教育信息化基础进行顶层设计与规划，制定基于新基建、新技术的以数字化为特征的未来教育发展战略。

我国教育信息化硬件建设有一定基础，在不断升级的信息技术支撑下，对电化教育、互联网+教育及智慧教育在不同应用及场景下开展了大量散点式探索，沉淀了大量案例。教育数字化应首先关注包括物理空间和网络空间的数字化、智能化学习环境建设。继续深化教育数字化应按教育教学流程，将大量散点式教育数字化应用串联成线，发挥数据的数字化核心要素作用，强调数据在教育教学过程中的应用，加速推进数字技术与教育教学深度融合。为实现"穿点成线"，可参考其他行业数字化转型经验。

（1）以教育研究为引领，将教育治理、教学管理、教育教学、评价监测等场景下的业务流程结构化、公式化；

（2）建立教育新基建建设标准、教育数据标准，并基于教育大数据的重要价值与潜在风险，建立数据安全标准；

（3）激发教育科研活力，发挥教研体系优势，构建各主要教育场景下数据指标体系和框架；

（4）着手构建包含各主要教育场景的教育大数据中台，对数据与管理、应用进行分层建设，逐步完善教育数字地图。

4. 加强组织机构内部协同与制度保障，强化师生的主体性、创造性、能动性

在以前教育信息化发展中，教研、信息化建设、师训由不同部门负责，存在需求、建设、使用错位等现象，导致师生的主体性、创造性、能动性不足。教育数字化转型应坚持"一把手工程"的工作原则，协同各级相关部门转变工作观念，坚持"应用为王，服务至上"，强调师生的主体性，逐渐扭转技术理性主导的建设思路，使用适切而非高端的技术解决教育问题。优化落实相关制度，通过职前职后一体化培养与职称制度改革等手段，鼓励教师基于实际教学开展数字化创新探索，提升创造性和能动性。在推进教育数字化转型的过程中，应关注数字公平、终身教育等问题，建立相关倾斜政策，落实优质数字教育资源共建共享和互联互通，横向最大程度覆盖农村、边远、贫困、民族地区，纵向面向人的全生命周期不断延伸。

5. 强化教育数字化研究，为战略政策落地提供有效支撑

借鉴国际经验，应强化教育研究的引领与桥梁作用，通过对教育数字化转型的培养目标、教学内容、教学方式、评价指标、实施框架及方案、有效性评估等主题开展体系化研究，实现对战略政策的技术性解读，探索总结教育数字化转型的有效实现路径。通过对教育数字化转型相关研究与创新进行资源倾斜，建立专项教育科研项目或增加全国规划课题等支持，充分发挥理论研究的支撑作用。鼓励教研工作者和教师广泛开展教育数字化相关实践研究，通过职称晋升、成果奖等激励手段，充分调动一线创新研究与实践热情，通过大量的实践研究成果加速教育数字化进程。加强对理论研究与实践研究成果的分类总结与宣传推广。

6. 开展试点模式敏捷迭代，以教育要素为核心分模块开展教育数字化转型

以课程改革、学习方式变革、学习空间变革、评价改革、教师数字素养及信息技术应用能力、科学治理等要素为核心，开展未来教育试点探索。试点探索过程中，应从传统教育与未来教育的特征区别出发，优先思考各要素下教育本身如何变革，进而从教育教学业务流程出发，线性梳理现有数字技术如何实现教育的数据化赋能与平台化应用。同时，通过试点验证理论研究成果，进一步优化和完善指标体系、实施框架及方案，形成可复制、可推广的教育要素数字化转型方案。

7. 激发多元主体活力，以共创共建加速教育数字化转型

发挥举国体制优势和政府主导作用，激发多元主体活力，加速数字化与智能化资源建设与应用。国家层面应向社会多元主体提出明确的教育数字化转型愿景目标，引导社会力量关注教育领导者、教师和学生需求；建立标准与准入机制，以规范监管为主，主动干预为辅。发挥研究机构理论优势、教育科技企业资金及创新优势，深入学校一线解决真实的教育需求，探索有效应用数字资源和高效共建智能资源。探索由教育信息化主管部门牵头，企业预投入，同时联合研究机构和学校，支持企业的教育数字化转型产品测试、试点工作，并提供推广机会，充分激发市场活力。教育信息化主管部门为企业提供"出海"支持，逐步打造中国特色教育数字化转型国际品牌。

不论如何转型，都别忘了我们所有的技术探索的根本目标还是要回归到教育本身，在人工智能领域的探索实践中，与行业同行，利用更好的人工智能技术，用更好的教育培养更好的人。

一花独放不是春，万紫千红春满园。

第 5 章
Chapter 5

人工智能时代，
未来教育教什么、教师怎么教

未来教什么：个性定制目标和内容

我国教育信息部于2022年发布的《义务教育信息科技课标》将人工智能作为重要的学习内容。但是我们必须看到，不同领域不同行业对"人工智能"这一名词的理解并不一致。绝大多数的信息技术教师对人工智能的理解目前还停留在专家系统、知识图谱和搜索推理阶段。

同时，我们也真切地感受到，自人工智能诞生以来，无论是AlphaGo还是ChatGPT，这些引发人们热议的技术突破大部分是源自神经网络和深度学习。正因为深度学习的出色表现，算力、算法和数据才被称为人工智能时代的"三驾马车"。

其实，我国国务院办公厅早在2017年就发布了《新一代人工智能发展规划》并指出"**人工智能发展进入新阶段**"。近年来，我国的专家学者也在多个场合呼吁"新一代人工智能"。因而，不难预见在未来的几年里，人工智能教育都将走向以深度学习技术为代表的"新一代人工智能教育"。面对未来的人工智能时代，要想走出传统，真正实现数字化转型，我们首先会面临两大难题——**未来教育应该教些什么，而作为教师又应该怎么教？**

一个真实的案例是来自美国的一所名为High Tech High的学校，这所学校的教育模式可以作为未来教育的典范。

High Tech High是一所位于美国加利福尼亚州的公立学校，它们的教育理念是让学生通过项目式学习，发展创新思维、批判性思考和问题解决能力。在这所学校，学生没有固定的教科书，也没有传统的考试。相反，他们通过完成真实的、与现实世界相关的项目来学习。

举个例子，在一门关于城市规划的课程中，学生们需要设计一个能解决现实城市问题的方案。他们需要进行实地调查，与社区居民交流，了解他们的需求，然后运用所学知识提出解决方案。在这个过程中，学生不仅需要运用科学知识，还需要发展团队合作、公共演讲等多种技能。

作为教师，他们在High Tech High的角色也发生了转变。他们不再是知识的传递者，而是成为学生的指导者和合作伙伴。他们的工作是帮助学生定义问题，提供资源，并在需要的时候给予反馈。这种模式下，教师需要具备深厚的专业知识，同时也需要掌握如何引导学生进行探究式学习，如何评估学生的学习进度和理解程度。

结果显示，High Tech High的毕业生在大学录取率、毕业率和求职成功率等方面都超过了全美的平均水平。更重要的是，学生们表示他们在High Tech High的学习经历让他们感到快乐，有成就感，并且感觉自己在为真实的世界作出贡献。这个案例显示了未来教育可能的方向，即更加注重学生的主体性和实践性，教师在其中起到引导和支持的作用。

● 人工智能+教育从1.0迈向2.0时代

从宏观视角看，未来的人工智能+教育至少有两个目标：

一是培养适应人工智能时代的人才；

二是培养能研发人工智能的人才。

二者都需要坚信：只有做到"人机共智"，才能更好地适应未来。

那么，仅仅靠说教和体验是低效的，最好的做法莫过于"亲力亲为"。

也就是说，当学生真正地采集数据、整理数据，然后用训练模型的方式解决某些真实问题，也就是亲历了智能"从无到有"的全部流程，才会理解数据、算法和算力对人工智能的重要意义，获得价值体认。

1. 新一代人工智能+教育的教育目标

为了更好地区分这种面向新一代人工智能+教育的转型路径，以及和其他宽泛的人工智能教育，我参考了《新一代人工智能发展规划》中提出的——"新一代人工智能教育"一词，并且将其教育目标划分为三个层次进行解析。

第一个层次，通过对各种智能应用系统的体验和典型人工智能实验活动的开展，认识和感受人工智能的魅力，了解人工智能发展的现状，知道用人工智能解决问题的主要方法和流程，认识智能社会带来的新机遇与新挑战。

第二个层次，了解用机器模拟人类智能的主要方法，了解常见的人工智能实现技术和算法，通过全连接神经网络、卷积神经网络、生成对抗网络等典型人工智能实验，理解数据、算法和算力是人工智能的三大技术基础。

第三个层次，通过收集数据、训练模型的方式解决身边问题，并结合编程、物联网等技术搭建简单的智能应用，理解人工智能发展必须遵循的伦理道德规范，理解人工智能与数学等学科的密切联系。

2. 新一代人工智能+教育的学习内容

当"智能"可以通过"喂养"数据而获得，人工智能的技术门槛开始"降维"。从人工智能三大研究流派的发展来看，机器学习和神经网络的应用门槛最低，与产业结合最为紧密。只要拥有足够丰富的数据，借助算力和开源算法，训练AI模型不过是流程化的操作。换句话说，只要掌握了机器学习的流程，即使不了解背后的数学原理，甚至不熟悉编程，人人都能用人工智能来解决问题。

因而，未来新一代人工智能教育重点关注机器学习的方法和流程，具体学习内容可以分为四个方面：

一是人工智能的原理和机器学习流程；

二是训练数据的采集、编码和整理；

三是人工智能模型的训练和参数调整；

四是人工智能模型的部署和应用开发。

事实上，深度学习相关实验活动的开展肯定离不开对数据和编码的理解，以及程序设计基本能力的掌握。

其中，人工智能模型的多模态交互则与过程控制的联系非常密切。考虑到中小学已经有了信息科技和信息技术课程标准，无论是数据编码、程序设计还是开源硬件和物联网，都属于课程标准中最重要的学习内容，那么新一代人工智能教育的学习内容就可以聚焦在数据收集的整理及模型的搭建、选择、训练和部署上。

回望过往AI在教育领域的应用，更多的是以功能组件形式存在，体现的是人工智能技术输出的单维能力，例如拍照判题、语音评测、人脸签到等智能伴学/助学功能的实现。

而现在，我们能看到无论是科技还是教育行业发布的人工智能教育类产品，开始出现覆盖课前、课中及课后，打通学校和家庭的人工智能+教育整体解决方案。可以说，人工智能+教育正从功能组件的1.0时代，进入整体解决方案的2.0时代，它让我们无限趋近"更加公平而有质量的教育"。

因此，人工智能技术的发展，我们需围绕其"以学生为中心"重新解构"教"和"育"，发挥AI的乘数效应，在规模化的同时实现个性化。通俗一点来讲，借势就是我们将知识传授给人工智能，并借助人工智能素养培育。教是基础，育是提升；教是培养路径，育是成长目标。无论具体的教学内容是什么，努力让每个孩子都能享有公平而有质量的教育才是最重要的。公平，就需要尽量消弭地点、贫富等差异，让孩子们能接受到同等同质的教育机会；质量，就需要让孩子们单位时间效率更高，素养培育更好，学习不再是负担，而是快乐生活的组成部分！

教师怎么教：激发学生个性的学科天赋

在崭新的人工智能+教育的时代，我们如果想要和机器、AI技术竞争，就必须提高人特有的思维能力、想出新办法的能力。要善于利用AI工具，提升人类的智慧，而不是一味地让人工智能变得更强，要想办法大幅度提高学生的智力、创造力和想象力。例如，我们需要考虑教师与人工智能的分工问题。

● 人与机器科学分工，从依赖到放手

我们始终要明确的是，现在的学生比以往任何时候的学生都更需要学会如何在人工智能日益全方位融入日常生活的世界中生存，更需要利用人工智能这样简单实用的人工智能工具助力自身的终身学习与成长。

在美国，有一家名为Carnegie Learning的教育技术公司开发了一种名为"ALEKS"的智能数学教育系统。ALEKS是一种自适应学习系统，它利用人工智能技术，根据每个学生的学习进度和理解能力，提供个性化的数学问题和反馈。

在宾夕法尼亚州的一所中学，教师们开始使用ALEKS来辅助数学教学。这款系统通过分析学生的学习数据，可以准确地识别出学生在数学上的弱点，并提供针对性的问题和练习来帮助他们提高。

实施ALEKS后，教师们发现他们可以更有效地指导学生，因为ALEKS为他们提供了关于每个学生学习进度的详细数据。此外，学生们也报告说，他们感到更加投入和有动力，因为ALEKS提供的个性化反馈让他们明白自己的进步和需要努力的方向。

结果显示，使用ALEKS的学生在数学成绩上有了显著提高，尤其是那些之前在数学上有困难的学生。这个案例显示了人工智能如何通过与教师的科学分工，提供个性化的学习体验，从而改善学生的学习效果。

这个案例再次强调了人与机器在教育领域的科学分工的重要性，展示了机器如何能够提供个性化的学习体验，而教师则可以专注于提供情感支持、社交互动和全面的教育体验。

因此，仔细想一想，哪些事情可以交给人工智能去做，哪些需要人来做？就是那些人工智能所不擅长的，特别是人类独有的思维方式，培养人的思维能力、解决问题的综合能力。即使人工智能再如何发展，思维能力强的人还是不会被替代。

1. 融入人工智能或信息技术相关的课程

教材是课标的重要载体，对于日新月异、高速发展的信息技术来说，教师照本宣科显然是不负责任的。教师需要适度更换教材中的案例，例如将传统机器学习案例更换为拍摄宠物、玩具之类的照片，然后进行分类会更加有趣。借助人工智能之类的工具做图像分类，是很容易实现的事情。

2. 结合科创活动开展科创活动

科创活动是跨学科学习活动最典型的代表，成为当前学有余力学生的一种重要选择。新一代人工智能教育强调的是用人工智能来解决问题，就如现在学生使用各种开源硬件、编程工具、数据处理工具来做科创活动一样。这种融合人工智能技术的科技创新活动可以分为三个主要类别。

（1）人工智能+科研

有科学家提出"科学智能+机器猜想"将成为新的科研发现范式。

在瓦特和牛顿时代，科学研究大都采用的是肉眼观察或者顿悟的方式。而现在，数据探究已经成为科研活动最常用的手段。人工智能技术能帮助研究者解决一些重复烦琐的数据整理工作，值得学生们去应用发现。

（2）人工智能+工程

人工智能一直是创客们关注的技术方向。人工智能技术的普及将推动中小学开源硬件逐步走向卡片电脑，这些内置了Linux系统的控制板，能够流畅运行如算法框架。学生在原来的创客项目中增加人工智能已经越来越方便了。

（3）人工智能+艺术

人工智能不仅是解决问题的工具。作为艺术与科技结合最典型的代表——交互艺术更是融入了越来越前沿的技术。随着生成对抗网络和扩散模型的普及，生成图像、图片上色、艺术风格迁移等各种有趣的艺术应用不断出现。

3. 灵活运用人工智能学习工具

要实施新一代人工智能教育内容并达成目标，离不开各种教学资源的支持。除了一系列人工智能项目和课程外，还需要低门槛、可应用的人工智能学习和开发工具。

（1）人工智能学习平台

为了降低学习者搭建人工智能环境的技术门槛，一些企业和机构推出了部署在云端的学习或者开发平台，如谷歌的Teachable Machine、百度的EasyDL、华为的Model Arts、浙大的Mo平台等。

在我走访过的学校中，有一所上海高校搭建了人工智能实验室智能教育中心开发的人工智能学习平台，这个平台集成了数据标注、模型训练、项目分享等功能。只要有浏览器，就能开展一系列的人工智能项目学习和实践，让初学者能够真实体验算力对人工智能模型的重要意义。

（2）人工智能学习工具

深度学习的开发工具虽然很多，只不过当下众多开发工具仅仅是完成了模型训练，而要解决一个真实问题，形成一个智能应用系统，还需要结合其他技术工具。从应用系统的"输入—处理—输出"这三大环节看，模型推理完成的是前两个环节，"输出"环节是指根据识别结果执行相应的动作，即控制。

当然，人工智能软件等应用系统的开发不是单凭我们的一己之力就能做到的，一个应用往往需要部署在一些电脑数据库上，无论是软件或硬件的性能和价格都不一样，可以根据具体的需求做出选择。

● **让除教师以外的更多人参与人工智能+教育转型建设**

这就要求设计者或是开发者将人和人工智能进行恰当组合，既要使人在人工智能的持续进化中发挥训练和标注的功能，又要通过人工智能不断提升人本身的工作能力和智慧。

也就是说，让更多的人卷入人工智能之中。如果我们将来发展的更多教育策略或者手段都是人可以跟人工智能并行的，那么人就失去了价值。因此，只有人处于闭环之中，这样的技术、课程才是有价值的。

比如我们的教育工作，以目前人工智能的水平，再过10年，它能够做更多事情。可能几年之后，人工智能就会进化成全息影像的形态，替代现有的教师。以前，机器人很难实现与人对话，它只能给人问题的答案，但现在最新版本的GPT不仅可以提供答案，还能矫正人解决问题的思路，可以针对每个学生学习中的问题给出相应的答案或提供合适的教育策略，给所有的学生都提供一对一的教学服务。如果你追问，它还会解释解题思路。这与教师的作用已经很接近了，学生在学习的时候，也是这样和教师互动的。

有人预测，教师是最不容易被人工智能替代的职业，但主要是指从事情感的陪伴与激励、创新的引导、智慧的启迪等工作的"人类灵魂的工程师"暂时不会被替代。教师可在人工智能的辅助下另辟蹊径，帮助学生了解所学知识的价值，尝试用它增添教学的趣味性，并考虑如何投入更多情感于人文交流中。就像我们在开篇指出的那样，若教师还停留在讲题型、讲套路的水平，则很容易被替代。作为教师，我们应该开始考虑用什么方法来改变现在的教育了。教育应将学生培养成人而非机器，拯救学生的灵魂而非堆积知识和认识。

同样，若我们的教学停留在知识掌握和一般推理型的作业上，也难以激发学生的创造力。因此，要善于设计实践型的教育教学活动，通过动手创造、问题解决、工程设计、艺术创新等活动，提升学生的创造力、善用工具的意识和能力。这样的教育与教学才是未来最需要的！

融通未来：构建"人机共育"的新型教育

既然未来更需要以人工智能为依托的人机结合的新型教育，这无疑代表了人类教育未来的发展方向。其实，早在20世纪80年代，著名科学家钱学森就前瞻性地提出大成智慧教育思想，认为未来教育必将是"人机结合、人网结合、以人为主"，旨在培养"集大成、得智慧"的新人类教育。

直到今天，利用人工智能教学系统进行个性化学习的"人机共育"教育，正成为国际教育的新趋势。这种趋势反映了人们对教育质量和效率的持续追求，以及技术的快速发展和普及。

● 让学生站在教育的中心

顾名思义，所谓"人机共育"教育，就是指建立在人工智能、大数据、云计算等现代信息技术基础上，充分发挥人类教师与人工智能（机器）的优势，开发人的潜能和"人机结合"智能，培养"创新人"的新型教育，这需要我们跳脱出传统"以教师为中心"的思维定式，转向智能时代"以学生为中心"的新型教育，让学生站在学校教学的中心，以便学生可以自主化、个性化、发现式学习，在探索、发现中摸索规律，掌握知识。

国际上，许多教育机构和公司已经开始探索和实施"人机共育"教育模式。例如，一些在线教育平台利用人工智能技术分析学生的学习数据，并提供个性化的学习建议和资源。此外，一些学校也开始使用智能教学系统来辅助课堂教学，帮助教师更好地理解学生的学习需求和困难，并提供针对性的指导和支持。

"人机共育"教育模式的优点在于它可以提高教育的个性化和效率。通过人工智能技术，可以快速分析和处理大量的学习数据，为每个学生提供定制化的学习体验。此外，人工智能教学系统还可以在任何时间、任何地点为学生提供学习机会，从而提高了教育的灵活性和可访问性。

然而，"人机共育"教育模式也面临着一些挑战和问题。例如，如何确保人工智能教学系统的准确性和可靠性，如何处理人类教师和机器之间的合作关系，以及如何保护学生的隐私和数据安全等。因此，在实施"人机共育"教育模式时，需要认真考虑这些因素，并采取相应的措施来确保教育的质量和效果。

总之，"人机共育"教育模式正成为国际教育的新趋势，它通过人类教师和人工智能教学系统的合作，为每个学生提供个性化的学习体验和更好的教育效果。然而，在实施这种模式时，需要认真考虑其优缺点和潜在的问题，以确保教育的质量和效果。

1. 创造力，未来教育的核心

《科学》杂志曾预测，到2045年，全球平均会有一半的劳动岗位会被人工智能技术所替代。未来已来，即便是在今天，人工智能的发展速度也已远超我们的想象。

据科大讯飞创始人刘庆峰介绍，在大学英语六级翻译考题中，机器翻译的得分在抽样的57万考生测试数据中，排名前1%。

在此背景之下，人们愈发深刻地取得共识，人类所独有的创造力、同理心、想象力和情感是人工智能所无法取代的。我国教育部原部长陈宝生也明确指出，"创新能力、沟通协作能力、复杂问题解决能力、人机协作能力等将成为人的必备能力。"在林毅夫看来，每个年轻人应该都有读、算、写的能力、掌握学习新知识的能力以及适应社会变动的能力。北京师范大学实验中学校长李晓辉也强调，创新是唯一出路。而帮助每个人获取驾驭新科技、创造美好生活的能力，正是教育的使命所在。教育要关注这些变化趋势，回应新要求，明确未来人才培养目标。

具体而言：

一是信息素养，培养学生的信息意识、计算思维、数字化学习能力等；

二是高阶素养，包括独立思考、勇于探究与创新、勤于反思的意识和能力等，有效应对未来社会的不确定性；

三是社会责任，培养学生的自律自强、团队合作、责任担当等良好品质，让学生养成对待技术、他人和社会的正确态度、价值观、伦理准则。

2. 个性化，因材施教的保障

早在2500年前，孔子就提出了因材施教的教育理念。人工智能技术的进步则为促进人的个性化发展提供了可能。

一方面，通过AI（人工智能）和BT（生物技术）的结合，能够全面了解学生的外显行为和内隐特征，实现学习场景的可感知、学习者的可理解、学习服务的可定制。例如，未来可利用人工智能和大数据等技术，开展学习情况全过程的纵向评价和德智体美劳全要素的横向评价，极大提高学生评价的科学性和准确性。

我在走访调研的过程中发现，上海一学校从2018年开始就在做这种数据驱动的精准教育的试点。学生们通过使用智慧纸、笔等工具可以精准记录学习过程，同时基于对这些数据的分析和处理，教师能够了解学生的掌握情况，发现学生的能力倾向，最大限度地发掘学生潜能。

另一方面，教育发展的未来不再是工业体系大规模的流水线式的、大水漫灌式的，而是实现了千人千面的个性化学习。整齐划一的学习方式没法针对每个人的个性来进行。现在传统学校严格要求同样年龄、同样进度、同样学习时间的方式不符合未来的发展方向。未来的教育应该更多以项目为中心，以学生的探索和学生之间的学习为中心，每个人可以自主安排、自主选择在什么时间学习，在哪里学习，向谁学习。

3. 协同性，人机结合的教育

前面我们讲到，老师的身份、角色可能也会随着人工技术的教学需求发生转变，可能产生一些新的教学岗位，如在线教育设计师、教育数据分析师等。

我国教育部学校规划建设发展中心曾指出，人类社会的感知世界、科学世界和想象世界的高度融合，使教育逐步打破三维空间的限制，实现更高级别的交互。现在的线上线下教育融合，只是在通向更高维学习世界里的第一个阶段。

未来的教育，人工智能将带来无限可能，但也挑战无限。可以说，我们现在最大的挑战是在浩瀚无垠的知识海洋和人工智能与活生生的人之间如何建立连接，并在这种连接中如何保护我们人的根本属性。

传统铁路升级为高铁，需要换车、换轨、换体系，教育也一样。这是一项艰巨的工作，这是一场教育的变革，甚至需要国家牵头、顶层设计，集全社会力量攻关。没有人能够保证人机结合后的教育会走向何方，我们在对传统教育修修补补的同时，能做的就是静待花开。努力将学生从传统教学的考试、评比的"竞技场"中解脱出来，让学生学习只跟自己比，没有压力，只有探索的乐趣，静待学生"开窍"，最大限度释放中国学生的潜能。

"智慧化"建设：打造AI时代的导师

当前，以我国人工智能、大数据、云计算、5G技术等为代表的新技术驱动人类社会快速进入以数字化应用为基础的智能时代。在当前教育信息化发展背景下，数字化已经成为催生教育结构变革的重要力量和推动教师队伍提质增效的重要抓手。

而随着各类新兴技术的快速发展，需要积极探索人工智能赋能下的教师管理与评价改革、教育教学创新、教育均衡发展，构建智能技术支持的教师发展新模式，从而进一步发挥教师在信息技术与教育融合应用中的作用，提升整体教师队伍的素养，培养具有数字化特征的适应未来需要的卓越教师。

众所周知，无论是教师质量还是教学环境，都影响着教育发展和人才培养的质量。

近年来，我国也正以极大的热情融合新兴技术应用转化为提高教学水平、增进教学效率、提升教育质量、促进教师发展的方法和工具，深化教学改革创新。

例如，2018年，中共中央、国务院在《关于全面深化新时代教师队伍建设改革的意见》中提出"教师应主动适应信息化、人工智能等新技术变革，积极有效地开展教育教学"。同年，《教师教育振兴行动计划（2018—2022年）》推出了"互联网+教师教育"创新行动，并强调应充分利用大数据、人工智能等新技术，助力教师教育理念与模式变革，推进教师教育信息化建设与应用。

在推动人工智能技术与教师发展融合的实施策略上，可以从环境构建、资源共享、评价管理、教师培训等方面入手。

●环境构建：打造数字化教学环境

人工智能技术的融合应用能够为师生开展教学创新实践提供智能化、沉浸式、多维化的数字化支持环境。建设线上线下一体、现实虚拟双融合的智慧教室和"云端一体化"的数字化学习平台，打造物理空间、资源空间和社交空间有机整合的学习空间，构建课堂和课外的泛在学习环境，全面支持学习资源、学习活动、学习过程和学习数据等有机融合，为课程教学、课后服务、教师研修、教改实践等提供全过程、智能化和个性化服务。

●资源共享：数字化课程体系建设

积极探索利用人工智能技术构建数字化资源平台，设计开发与整合课程资源、专项主题资源和拓展资源等数字课程资源，并利用大数据的智能匹配与分析功能为教师筛选与推荐出最优质的资源参考。如国家上线的"国家智慧教育公共服务平台"为大中小学校师生提供丰富的课程资源和教学服务，鼓励教师积极学习借鉴平台资源、学生开展线上自主学习、为大学生提供就业服务等应用，促进教学组织方式重构和教学方法创新。

同时，在人工智能技术支持下也能实现优质教学资源汇聚与共享，支撑专递课堂、名师课堂和名校网络课堂应用，促进校本资源累积、多形式协同教研，为教育资源均衡配置提供新的解决方案。

● 评价管理：实现教与学数据分析

借助人工智能技术支撑教与学全过程的创新应用与服务，及其通过对大数据进行数据聚类、数据认知、决策优化等过程，能够克服传统决策过分依赖实践经验，缺乏数据支撑和分析的弊端，应用数据分析表征学生综合素质评价、教师专业能力发展、教学应用成效等，使得师生评价与智慧决策得以实现，为精准评估与改进教育教学质量提供了有效支持。

● 教师培训：智能化拓展研修空间

人工智能时代的教师不仅要具备扎实的学科知识和教育教学技能，还应具有高水平的智能教育素养。借助人工智能技术，除了需要为教师系统化培训匹配相应的信息化应用能力提升的课程与实践外，还需要提供线上线下融合的教师研修平台，支撑教师开展协同研修、高效教研、教学实践等应用，并以过程性数据记录生成研修社区及研修教师的数字画像，明确教师专业发展质量，构建"人工智能+智慧教师教育"的培养新模式，为加快实现教育现代化提供坚强的人力资源支撑。

● 持续探索：支持体系化运营实践

人类不断创造工具，并利用新工具提升人类的能力，这是人类文明进化的本质。对工具的创造和利用会提升人的智慧。教育的本质是发展人，发展人的核心就是要在新的工具平台建构新智商。坐标系会垫高人类群体的智慧台阶。本来我们处于一楼，突然之间不用爬楼就能到达二楼，在这种情况下，智商的台阶被垫高了，从而加快了人脑和人工智能的智商合成。人工智能本身不能替代人或打败人，但是善于与人工智能合作的人将打败自然人。如果教育的目的是提高人类的智商，而人机协同的智商可以大大超越纯生物人的智商，那么我们会选择哪一个？我相信绝大部分的教育人会选择后者。所以，未来对教育制度、工具、平台、资源、评价的设计都会基于坐标系等技术，在新的技术平台上重塑教育的坐标系。

在新的教育坐标系里，我们需要思考什么知识最重要，还需要思考谁的知识最重要，进而考虑教什么、怎么教、怎么评、怎么管等问题。

众所周知，英国是一个有着悠久教育传统的国家，其教育系统经过了几百年的变迁，相对来说已经非常完善了。英国政府在近年来提出了一个名为"数字校园"（Digital Campuses）的计划，旨在将一系列前沿的数字技术应用到学校环境中，以改善学生的学习体验和提升教育质量。

1. 基础设施建设

英国政府在全国范围内投资建设高速、稳定的校园网络，以确保学生和教师可以在任何时间、任何地点安全地访问在线资源。此外，政府还为学校提供了先进的数字设备和软件，以支持在线学习和远程教育。

2. 数字化学习资源

通过与多家出版商和开发者合作，"数字校园"计划为学校提供了丰富的数字化学习资源，包括在线课程、互动教材、虚拟实验室和游戏化学习工具等。这些资源可以帮助学生进行自主学习和合作，同时提高他们的学习兴趣和动力。

3. 教师培训与发展

英国政府认识到教师是推动数字化转型的关键因素，因此为教师提供了全面的培训和发展计划。这些计划包括数字技术的使用、在线教学方法和策略以及如何评估学生的在线学习成果等。

4. 学生评估与反馈

通过使用数字化工具和平台，教师可以更准确地评估学生的学习进度和理解程度。同时，学生也可以通过在线反馈系统向教师提供关于教学内容和方法的建议，这有助于提高教学效果和满足学生的个性化需求。

5. 家校合作与沟通

数字校园平台也为家长提供了方便的在线访问方式，以了解孩子在学校的学习情况。家长可以查看学生的学习进度、作业和成绩单，并与教师进行在线沟通，这有助于加强家校之间的合作和促进学生的全面发展。

6. 持续的技术创新与更新

英国政府认识到技术是不断发展的，因此持续投资于技术创新和更新。这包括开发新的数字化工具和平台，以适应教育的最新趋势和发展。

英国的"数字校园"计划在推动教育数字化转型方面取得了显著的成果。学生的在线学习参与度提高，学习成绩也得到了改善。教师们反映数字化工具和平台使得教学更为高效和有趣，同时也促进了学生的自主学习和创新思维的培养。此外，家长们也积极参与到孩子的教育中，与教师进行更好的沟通和合作，共同促进孩子的成长和发展。

我们常说，教育是一个民族和国家的希望，教育肩负着为国家培养德、智、体、美、劳全面发展的社会主义建设者和接班人的重要使命。只有基于人工智能时代教育改革发展的特点和趋势，重视教师智能教育素养的提升，才能拓宽教师的发展之路，建设与时代发展适配的专业化创新型教师队伍，让更多教师成为"人工智能+教育"的引路人，进而推动全中国教育水平的高质量发展！

第 6 章
Chapter 6

AIGC+ 教育：革新内容创作，
　　　智慧教育升级一触即燃

当教学遇见AIGC

说到AIGC，我想大家并不陌生，AIGC是人工智能内容生成的缩写，指的是使用人工智能来自动化信息创建过程，同时满足用户的个性化需求，如图像、文本、音频、视频等。AIGC被认为是继UGC（用户生成内容）和PGC（专业生成内容）之后的一种新型内容创作方式。

当传统的教育模式面临许多挑战：课堂内的教学模式单一，教师难以顾及每一位学生的个性化需求，学生的学习进度和成绩受到诸多因素的影响。而这些问题，可通过AIGC技术得到解决。AIGC，全称为人工智能生成内容，是现代AI技术的重要应用之一。

那么，AIGC技术在教育领域有哪些应用呢？

●AIGC技术在教育中的应用落地

近年来，随着AIGC技术的不断发展和应用，其在教育领域中的应用也日益普及。AIGC技术可以帮助教师更好地了解学生的学习状态，提高教育质量和学生学习效果。同时，AIGC技术也为学生提供了更加个性化、高效的学习方式，以及帮助教师更清楚地掌握学生的学习情况。

例如，AIGC技术在教学上的应用落地主要有以下四点。

1. 实现自动化教学设计

教师可以利用AIGC自动生成功能进行教学设计，包括教案、课件和讲义等。通过AIGC可以帮助教师快速设计出教案，然后教师可以在此基础上进行二次创作，大大减轻了教师的工作负担，提升了工作效率，节省出更多时间用于个性化教学。

2. 进行个性化辅助教学

教师可以利用AIGC，结合学生的个性化的学习资料，包括学习笔记、练习题、课外阅读本等，生成更有针对性的教学资料和内容，帮助学生查漏补缺，更好地理解知识含义，有效提高学习效率和质量。

3. 实现智能化自动测评

AIGC拥有自动测评功能，对于作业或是考试题目，例如选择题、填空题或是简答题等，教师就可以利用人工智能对题目进行自动测评，并给予智能评价，这样可以减轻教师批改工作的负担，还能提高效率与准确度。

4. 实现自动智能化答疑

AIGC可以做成智能问答系统，在课后及时回答学生的常见疑问，帮助教师实时解答学生的问题，这样不仅有助于学生的学习，还能减轻教师的工作量。

●当学生在学习中遇见AIGC

学生也可以利用AIGC帮助自己规划学习计划，提升学习效率。具体的应用可以尝试这三个方面。

1. 个性化的学习方案

结合学生自身的学习习惯、爱好、特点以及学习成绩、知识吸收情况，制定个性化的学习规划，从周到月，再到学期，安排切实可行的个性化学习方案，有效提升学习效率与质量。

2. 进行自我智能评估

学生能够通过AIGC进行定期的自我评估，例如这个月的成绩涨幅情况，考试错题情况，知识吸收情况，做整体的智能评估，然后进行针对性的查漏补缺，有助于学生及时调整学习与复习的方案。

3. 实时解决学习疑问

学生如果出现不懂的题目，可以随时向AIGC提问，然后得到相应的解答，及时解决疑问难题，保证学习的效率和质量。

在合理使用AIGC的基础上，学生完全是能够通过人工智能助力成绩提升的，对于可能会有学生利用AIGC抄袭和应付题目，实际上，如果学校和老师正确使用AIGC的评估体系，学生对知识的吸收效果和学习质量是可以追踪起来的。同时，学校也需要培养学生正确使用人工智能技术的价值观，发挥人工智能辅助学习的功能和优势。

然而，任何事物的发展都有其两面性，缺点同样存在。

●AIGC技术在教育领域应用的优缺点

优点显而易见，首先，AIGC技术可以实现个性化学习，提供定制化的教学内容，提升学习效率。其次，AI助手可以提供全天候服务，打破时间和地点的限制，让学习更为灵活，学生可以随时随地进行学习。

例如，过度依赖AI可能会导致学生缺乏人际交流的机会，影响他们的社交能力。这不仅包括语言交流，还有面对面的情感交流、情绪理解和社会性行为。人类社会是一个复杂的系统，充满了微妙的情感和社会关系，这是AI暂时无法完全理解和模拟的。

面对这种情况，我们要思考，AIGC技术是否能替代人类教师的角色？

如开篇所言，我依然认为，AIGC技术并不能完全替代人类教师。教师的角色不仅在于传递知识，他们的情感投入以及对学生个性和需求的理解是AI无法替代的。然而，AIGC技术可以成为教师的得力助手，能够帮助教师编写课堂提示或创建教学材料，更好地满足每个学生的学习需求。

当然，AIGC技术的应用也可能带来一些伦理问题。

比如，AI技术在教育领域的应用可能会加剧教育资源的不平等，因为并非所有地区和学校都有能力引入高级的AI技术。此外，AI技术的使用可能会引发数据隐私和学生权益等问题。因此，在推广AI技术的同时，我们需要考虑如何公平分配教育资源，保护学生的数据隐私，并维护学生的权益。在教育资源分配方面，我们需要政策层面的支持，使不同地区和学校都能平等获取AI技术。对于数据隐私和学生权益的保护，我们需要在技术层面上加以保障，比如使用加密技术来保护学生的数据，并制定相应的使用规则，确保学生在使用AI学习平台时的权益得到保障。

此外，AIGC技术的应用也可能带来其他问题。例如，如果AI系统基于学生的行为和学习成绩做出预测，可能会限制学生的发展空间。因为学生的成长是不确定的，他们有可能在某一时期发生巨大的变化，但如果AI系统给出的预测过于悲观，可能会影响到学生和教师的期望，限制学生的成长。

在美国，某知名大学决定采用AIGC（人工智能、大数据、云计算、5G等技术的结合）来赋能其教育过程，创造出一个全新的教学环境，具体如图6-1所示：

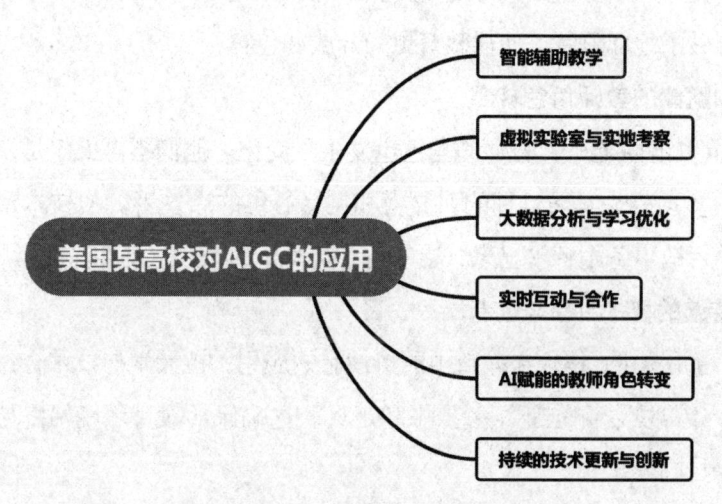

图6-1　美国某高校对AIGC的应用

1. 智能辅助教学

该大学利用AIGC技术开发了一款智能辅助教学系统。该系统可以根据学生的学习进度和理解能力，为他们提供个性化的学习资源和建议。例如，对于某个难以理解的概念，系统可以自动推荐相关的教程、视频或互动测验，以帮助学生更好地掌握。

2. 虚拟实验室与实地考察

利用AIGC的虚拟现实技术，该大学为学生创建了一个虚拟实验室。学生可以在这个虚拟环境中进行各种实验，而无须担心设备、材料或安全问题。此外，对于某些难以实地考察的地点，如远古文明遗址或外太空，学生也可以通过VR技术进行"实地"参观和学习。

3. 大数据分析与学习优化

通过收集和分析学生的学习数据，AIGC技术可以帮助教师更准确地了解学生的学习需求和困难。这不仅可以为每个学生提供更有针对性的反馈，还可以帮助教师对教学方法和内容进行优化。

4. 实时互动与合作

利用5G技术，该大学为学生和教师提供了一个实时互动平台。无论身处校园还是远程，学生都可以通过这个平台与同学和教师进行即时交流和合作。这打破了地理限制，使得教育更为开放和包容。

5. AI赋能的教师角色转变

在AIGC的赋能下，教师的角色也发生了变化。他们不再仅仅是知识的传授者，更多地成为学习过程的引导者和创新思维的启发者。AI技术帮助他们从烦琐的行政事务中解脱出来，更专注于与学生的个人互动和深度指导。

6. 持续的技术更新与创新

为了确保AIGC技术在教育中的持续有效应用，该大学与技术合作伙伴紧密合作，定期更新和创新相关技术和工具。这确保了教育环境始终与技术的最前沿保持同步。

通过引入AIGC技术，这所大学的教育环境得到了全面的升级。学生的学习效果、参与度和满意度都得到了显著提高。与此同时，教师们也反映他们的教学效率和质量都得到了大幅提升，与学生之间的互动也变得更为深入和有效。

总的来说，AIGC技术在教育领域提供了个性化教学，提升了教育质量，但它无法替代教师在价值引导和兴趣激发上的作用。我们应该把AIGC技术视作教育改革的工具，而非全盘替代，强调人文关怀和人性化需求。利用AI提供个性化内容，形成更全面的教育体系，教师依旧负责引导和激发，以知识和热情点燃学生的梦想，塑造教育的未来。

与AIGC高度契合的AI+教育

随着AIGC场景规模化的应用落地，与之高度契合的AI+教育渐渐浮出水面。也就是说，AI不仅仅只是停留在创作层面，由它所延伸开来的个性化教育呼之欲出。

根据教育部最新数据统计，2022年底我国各级各类在校学生人数为2.93亿人，而配套的专职教师数仅为1 880.36万人，教师学生人数比接近1∶16，教师资源相对稀缺；同时，2021年我国教育行业就业人员年平均工资为11.14万元，且过去5年呈现稳步上升的态势，通过采取小班上课或1对1模式将会产生庞大的教育开支。因此，在规模化教育背景下，我国实现个性化教育与实现普惠教育之间存在明显的矛盾。

因此，近年来国内教育的技术变革一直都在进行。回顾我国历次技术变革对于教育改造，其外在形式体现为：

一是数字化教育内容的变化（数量、形式、生成方式）；

二是数字化教育内容传递方式的改变（非智能传递、算法精准传递），而数字化内容的丰富度、传递速度与传递精确度，决定了技术能否对教育领域的人脑活动进行有效的替代与拓展。

随着互联网等技术发展的深入，教育数字化内容的形式（图文、音频、录播视频到直播视频）与数量逐渐丰富，内容传递的速度、形式的多样性得到提升，特别是近年来AI技术发展十分迅速，新一波AIGC时代浪潮的应用层方向是"个性化需求"的场景，而教育场景与此方向高度契合，因此AI+教育在AIGC时代的落地潜力远超移动互联网时代。

● AI如何优化教育？

AI改造教育本质，就是用科技拓展边界，实现优质教育资源规模化、公平化、个性化。

在规模化条件下，AI相较于真人教师具有成本优势，因此AI替代人力的过程使得在维持现有教育投入成本不变的情况下，优质教育资源规模化成为现实，且随着AI所替代人脑活动的复杂度的提升，其对于教育的降本增效作用也更为明显。

虽然开发一套AI系统的前期成本极高，但近年来人工智能训练成本大幅下降有望降低其前期高开发成本。

至于后期运营，一旦开发成功，即可凭借较低的运营成本，跨越时空的障碍为数以万计的学生提供个性化教育服务，且随着服务学生规模的上升，其人均成本逐渐趋向于0。

AI赋能教育之后，使得教师、学生、学校的体验均有大幅提升。

首先对于学生而言，AI可以提供个性化学习体验。传统教育往往采用"一刀切"的教学模式，无法充分满足每个学生的学习需求和节奏。而AI技术可以根据学生的个性化特征和学习进度，提供定制化的学习内容和方法。由于AIGC互动性强、可在课堂中与学生进行辩论、发起讨论会等，激发了学生的学习积极性。在课外，AIGC应用可一对一进行个性化答疑、作业批改和学情评估等。

此外，通过分析学生的学习数据，AI可以识别学生的弱点和优势，为他们提供有针对性的学习建议和指导，从而实现更高效的学习过程。这种个性化学习体验能够极大地提高学生的学习效果和兴趣，激发他们的学习潜力。

在教师方面，课前自动生成授课教案、智能匹配同类型习题、智能分析学生反馈并提供复习教案等，节省备课时间，提供精准个性化的推荐内容；课中精准分析学生的课堂表现并生成学情分析报告；课后智能作业批改/智能阅卷/智能错因诊断。国内外教育机构已尝试利用AIGC辅助教学。

在国内，一些知名的教育机构和高校已经开始探索如何利用AIGC技术来提升教学质量和效果。例如，一些机构开发了智能辅助教学系统，能够根据学生的学习进度和理解能力，自动推送个性化的学习资源和建议，帮助学生更好地掌握知识和技能。同时，利用虚拟现实技术，让学生能更好地理解抽象的概念和理论。

在国外，一些高校和研究机构也在探索如何利用AIGC技术来辅助教学。例如，一些高校开发了智能辅助教学系统，能够自动评估学生的作业和考试成绩，并为学生提供反馈和建议。同时，一些机构还利用AIGC技术来帮助学生更好地理解和掌握复杂的科学知识和技术。

总之，AIGC技术在教育领域的应用已经得到了广泛的认可和推广。它不仅可以提高教学质量和效果，还可以帮助学生更好地掌握知识和技能，为未来的职业发展打下坚实的基础。

同时在学校方面，AI可以通过数据分析和预测模型，帮助学校和政府进行教育管理，包括教学管理及监考管理、校园安防管理等。通过分析学生的学习数据和行为，AI可以提供对学生学习情况的评估和预测，为学校提供决策参考。

我一直把普及人工智教育作为初心，毫无疑问，在新的历史节点上，我们站在了人工智能这一伟大技术的浪潮之巅。当我们拥抱AIGC，我们不仅是在拥抱一个技术，更是在拥抱一个未来。这个未来充满了机遇和挑战，需要我们以开放的心态、创新的勇气和卓越的智慧去探索和应对。

正如工业革命带来了机器，信息革命带来了计算机，新一代信息技术带来了互联网，AIGC也正在为我们带来前所未有的机遇和挑战。我们相信，人类的潜能没有止境，只要我们敢于梦想，敢于追求，我们就能在人工智能的浪潮中找到自己的位置，实现自己的价值。

正如昨天我打开电脑，向ChatGPT提问，它告诉我接下来和AI发生深度融合的职业是什么。我明白，无论它给出怎样的答案，教育这趟旅程都不会走向终点，而是一个新的开始。这个开始让我们有了更多的可能性，更多的机遇。它让我们看到了未来，一个由人工智能引领的未来。

未来，我们每个人都是参与者，都是创造者。我们用我们的智慧、勇气、热情去创造一个更美好的世界。我们不再是被动的接受者，而是主动的驱动者。我们用我们的思想和行动去塑造一个属于我们的未来。

因此，让我们一起迎接AIGC的挑战，也让我们一起抓住AIGC的机遇。让我们一起用我们的智慧和勇气去探索这个充满无限可能的未来。因为在这个未来中，我们每个人都是主角，我们每个人都可以创造奇迹。

拥抱AIGC，开启智慧教育新升级

根据IDC公司预测数据，到2026年，中国AR/VR市场支出将超过120亿美元。在教育市场，智慧教育与AI、AR/VR技术的结合将会为教学提供更多的可能，如更加立体直观的教学内容、个性化的虚拟学习环境、互动性学习、减少教学风险和提高教学效率等。与此同时，AIGC作为AI技术的延伸，其所具备的文本、音频、图像、视频、虚拟场景和代码生成等多种应用场景，未来或将赋能教育领域发展。不可否认，以ChatGPT为代表的大模型未来将替换越来越多的场景，从简单的图画、语言、写作到交互式对话、虚拟教师、虚拟课堂、虚拟实验室等，都是AIGC与教育结合的未来。

而从我国出台的许多推动现代教育高质量发展的政策可见，未来的教育市场将获得更多的重视。同时，教育将推动实现个人、企业、社会的流动闭环。我们可以获得学习教育以外的知识与技能提升途径；企业可以快速获得高质量人才；社会在解决就业问题的基础上，可以获得大批生产效率提高的企业，进而助力社会的快速发展与稳定。从这一角度来说，AIGC在教育行业的价值归根结底是帮助我们在各个方面实现降本增效。

● 未来AIGC在教育赛道的全面升级

自AIGC爆火以来，各大科技巨头都投入了极大的关注度。目前，AIGC生成内容已经可以用于营销文案、文学创作、代码开发、论文报告等场景。

那么，回归到教育这一话题，AIGC在大家都非常关注的领域里，未来可能会有哪些方面的升级呢？结合本章开篇的应用落地总结，我们可以初步归纳为以下五个方面，具体如图6-2所示：

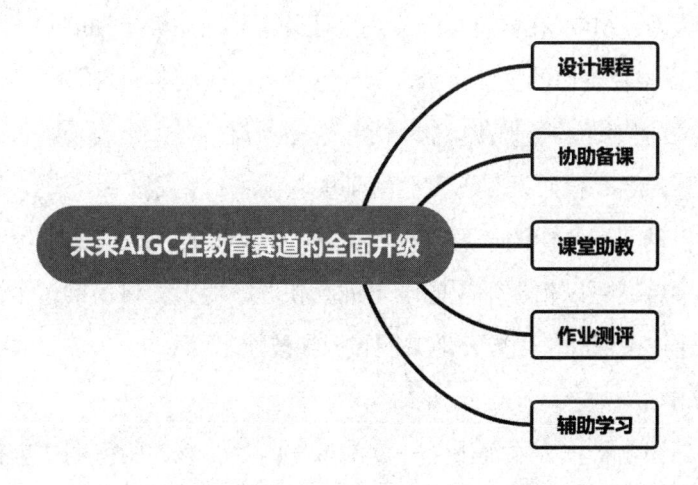

图6-2 未来AIGC在教育赛道的全面升级

1. 设计课程

AIGC可以为教师的课程设计提供创意思路，协助检索和整理文献资料，生成完整的课程材料，如教学大纲、课程计划和阅读材料等。

2. 协助备课

AIGC能够很好地参与教研备课，为老师建立一个初步的框架，提供通识性和常态化的内容，帮助教师节省初始头脑风暴时间。

3. 课堂助教

AIGC可以为师生提供一个实时分享的平台，随时回答问题，为课堂活动提供思路、增加课堂趣味性和丰富性，帮助学生理解复杂的内容和概念，成为师生的人工智能助教、课后导师或辩论陪练。

4. 作业测评

AIGC还可以参与到学生学习效果评估的过程中，生成作业测验和考试，帮助教师评估学生的学习进度。

5. 辅助学习

AIGC能够为学生提供丰富的学习资源和学习方法，帮助学生更深刻、更富有创意地理解知识，提高学习效率和兴趣，帮助学生实现自主学习、建立个性化的学习规划，正确评估自己在学习上的不足和需要提升的方向。

有人认为，AIGC在教育场景应用上还处于相对比较早期的阶段。其实，未来AIGC在教育赛道的全面升级，国外已经有一些成功的案例可供参考。

（1）智能辅助教学平台

美国某知名高校研发了一款智能辅助教学平台，该平台利用人工智能技术，能够自动识别学生的学习难点和需求，并为其提供及时的反馈和指导。同时，该平台还可以根据学生的学习进度和理解能力，自动推送个性化的学习资源和建议，帮助学生更好地掌握知识和技能。

（2）虚拟实验室

美国某知名科技公司推出了一款虚拟实验室，该实验室利用虚拟现实技术，可以为学生提供真实的实验和场景体验。学生可以在虚拟环境中进行各种实验和模拟操作，从而更好地理解抽象的概念和理论。同时，该实验室还可以根据学生的需求和兴趣，自动推荐相关的实验和模拟操作，提高学生的学习效果和兴趣。

（3）在线协作与互动平台

美国某知名互联网公司推出了一款在线协作与互动平台，该平台利用云计算和5G等技术，可以实现在线协作和互动。学生可以在该平台上共同完成学习任务和项目，培养团队合作精神和创新能力。同时，该平台还可以为学生提供及时的学习反馈和指导，帮助学生更好地掌握知识和技能。

这些案例都表明了AIGC技术在教育领域的应用正在不断拓展和创新。随着技术的不断进步和发展，我们有理由相信未来AIGC在教育赛道上将会带来更多的惊喜和突破。

实际上，当我们的知识能够被AIGC大规模生产的时候，教育反而需要重新被思考——如何将这些知识使用好，以及大规模生产知识的背后需要什么思维和能力？以后越不能被工业化生产出来的东西，将变得越来越重要。

随着AIGC技术的蓬勃发展，教育赛道正在翻开崭新的篇章。在这场深刻的变革中，我们以探索和创新为引领，致力于将技术的精髓融入教育的每一个环节。当我们目睹一个个学生在AIGC技术的引领下拓宽了视野，一个个教师在AIGC技术的辅助下刷新了教学理念，我们深感这只是漫漫征程的开端。在未来的征途中，让我们肩并肩前行，用AIGC技术为教育赛道注入更丰富的灵感和更深邃的智慧，让每一个学子都能在优质、公平的教育环境中茁壮成长，让教育成为引领人类社会进步的熊熊燃烧的火炬。

说到这里，我们依然要重新回归教育本身，无论是数字人还是AI写作等工具的成熟，都将带来极大的改变。据我观察，目前各个平台上已经出现了许多面向成人的AI设计、AI编程等课程，这是不可逆的发展趋势。每个人在AIGC风潮之下，都需要学会拥抱和高效使用AI工具，并让其对我们的学习、生活和工作形成助力。如此说来，AIGC在未来教育行业里的应用，趋势是确定的，不确定的是我们应用它的时机和方式。

AIGC课程的力量

AIGC给我们打开了更多的可能性，我们从未想过的学习方式在今天成为可能，这些学习工具值得教育者深思和探索。

在传统教育中，教师和学生往往需要花费大量的时间和精力去收集和整理教学资源。而近年来，基于AI技术衍生出了众多AIGC课程，教师可以通过AI技术自动生成大量的优质教学内容，大大提高了教育和学习的效率。此外，AIGC课程还可以根据学生的个性化需求和差异化表现提供定制化的教学方案，实现精准教学。可以说，此时的AIGC从一种技术落地应用摇身一变成为系统化的教学工具。

例如，在语文领域，AIGC课程可以通过AI技术生成大量的文章、故事和诗歌，提高学生的阅读和写作能力。在数学和科学领域，AIGC课程可以生成虚拟实验室和场景，帮助学生更好地理解抽象的概念和理论。在英语和外语学习领域，AIGC课程可以提供个性化的语言学习资源和练习，提高学生的口语和听说能力。此外，AIGC课程还可以应用于职业培训、成人教育和特殊教育等领域，为不同人群提供定制化的教学方案。

在美国，有一家名为XYZ的教育机构，成功地运用AIGC技术提升了其课程的力量。它们为中学生开设了一门科学课程，其中融合了AIGC技术，带来了令人瞩目的教育成果。

XYZ教育机构位于美国加州，一直以来都致力于探索技术创新在教育中的应用。它们与一家领先的AIGC技术公司合作，共同开发了一门名为"AI-增强科学探索"的课程。这门课程的目标是通过AIGC技术，使学生在科学学习中能够更加身临其境、直观感知，并激发他们的创新思维。

在这门课程中，学生们使用虚拟现实头盔进入一个虚拟的实验室环境中。他们可以在这个虚拟空间中进行各种科学实验，例如探索化学反应、观察天文现象、解剖虚拟生物等。通过AIGC技术的支持，这些实验不仅呈现出逼真的视觉效果，还能够根据学生的操作实时生成数据和反馈。

与传统的科学课程相比，这种基于AIGC技术的学习方式具有显著的优势。首先，它打破了传统实验室设备和资源的限制，让学生们能够在任何时间、任何地点进行学习。其次，通过虚拟实验和模拟操作，学生们可以更加安全地进行实验，避免了潜在的安全风险。最重要的是，AIGC技术为学生提供了一个高度互动和个性化的学习环境，让他们能够根据自己的学习进度和兴趣进行探索和学习。

在课程结束后，XYZ教育机构对参与学习的学生进行了评估。结果显示，与传统科学课程相比，参与"AI-增强科学探索"课程的学生在科学知识和技能掌握方面取得了显著的提升。同时，学生们对这门课程的满意度也非常高，他们认为这种基于AIGC技术的学习方式更加有趣、生动和有效。

这个国外案例展示了AIGC课程的力量，它通过创新的技术手段为学生创造了一个全新的学习环境，激发了他们的学习兴趣和创新精神。这不仅提升了学生的学习效果，也为教育机构带来了更高的教育质量和声誉。

具体而言，AIGC在教育领域的应用还涵盖了线上录课、虚拟老师和合成影像等多个方面，为在线教育和传统教育提供了更加智能化、个性化的技术支持。随着技术的不断进步和应用场景的不断扩展，AIGC在教育领域的应用也将逐渐普及。

1. 线上录课

AIGC可以通过对大量课程资源进行自动分析和处理，生成各种类型的在线课程，如视频讲座、互动课程、语音课程等，以满足不同学生的学习需求。这种技术被广泛应用于在线教育的课程制作和资源建设等领域。例如，AIGC可以根据课程内容和教学要求，自动生成符合要求的视频讲座或互动课程，并推送给目标学生。

2. 虚拟老师

AIGC可以通过深度学习模型和智能算法生成虚拟老师的形象和声音，并作为在线教育的辅导老师，为学生提供个性化、实时性的学习辅导。这种技术被广泛应用于在线教育的辅导服务和智能化教学等领域。例如，AIGC可以根据学生的学习进度和难点，自动生成符合要求的答疑解惑和作业批改，并实时与目标学生进行互动和交流。

3. 合成影像

AIGC可以通过深度学习模型和智能算法生成符合要求的合成影像，如虚拟实验、演示动画、教学视频等，帮助学生更好地理解和掌握知识点。这种技术被广泛应用于教学的影像制作和演示等领域。例如，AIGC可以根据教学要求和知识点，自动生成符合要求的演示动画或教学视频，并推送给目标学生进行学习和掌握。

总之，随着AI技术的不断进步，AIGC课程将会在更多的领域得到应用，例如历史、哲学、音乐、艺术等。同时，我们也需要关注AIGC课程在教育领域的伦理和社会责任问题，确保技术进步能够真正造福人类。

●AIGC时代面临的问题与挑战

当然，AIGC也存在着很大的问题。它没有到达很深层的地方，包括技术难度、社会伦理、内容质量、信息安全等问题。

而在这样的一个时代，我们最大的问题是，如果AI已经能够做题，我们还需要培养学生的什么能力？过去，很多学生在学会知识之后的第一个应用是做题。到了今天做题不再是核心竞争力，怎么让学生把学到的知识用起来才是我们在AIGC时代面临的非常大的问题。

那么，我们究竟要教育培养学生的什么呢？其实物理、化学、生物等这些所谓的传统意义上的科学学科，甚至信息科技和编程学科都存在很久了。但是，今天的科学培养的是什么？科学是关于如何发现自然界的规律，如何帮助人类和自然相处。我们要培养学生的独立思考、敢于质疑的精神。我相信这些才是这个时代下做教育的核心。

在过去，我们对一个好学生的定义是博闻强识，能够记住很多知识，像硬盘一样把知识塞得满满的。到今天，计算机自己可以生成知识和内容，在这个过程中，批判性思维是极其重要的。

有一次，我和一位短视频博主交流，他说今天做科普行业会难很多，因为有很多奇奇怪怪的视频和图片几乎可以以假乱真，但我们受众的批判性思维非常不足，这是眼下这个时代我们面临的一个很大的挑战。

那么，在今天这样一个时代之下，创新型人才应该有什么样的特征？

2023年4月20日，马斯克发射的星链爆炸了，但他说非常开心，因为又学到了很多的东西,因为每场失败对他来说都是非常大的学习。我就在反思,教育有一个特别大的转变是:我们过去培养太多好学生,考试取得非常高的分数,所有的指挥棒也都是围绕着成绩来的,整个教育的构建是从这里来的。我们又该如何过渡到培养学生的智慧,这是我们今天面临的问题,在校外和校内同样重要。

在这个时代之下,教育承载了什么样的责任和义务?是激发学生的好奇心、想象力,培养学生解决问题的能力。前者是关于科学发现,后者是关于工程的实施。无论创作的内容如何革新,我们都要重新思考,我们的素质教育到底培养学生的素质走向了哪里。在此基础上,在未来的发展中,我们再去加强技术研发和创新能力,推动AIGC课程在教育领域的深度应用,建立行业标准和规范,促进AIGC课程的健康、有序发展。在这样循序渐进的转型中,AIGC及其生成的一系列课程才会成为重要的驱动力,推动教育领域的创新和升级,为中国学生的教育创造更加优质和个性化的教学体验。

第 7 章
Chapter 7

ChatGPT+教育：
"智慧交谈"开启交互式学习时代

ChatGPT的本质：AIGC的突破性落地

上一章我们讲到AIGC，其实在当下所有生成式内容的创作中，ChatGPT是最为典型的落地。

ChatGPT，全名是Chat Generative Pre-trained Transformer，是OpenAI研发的一款聊天机器人程序，于2022年11月30日发布。ChatGPT是人工智能技术驱动的自然语言处理工具，它能够基于在预训练阶段所见的模式和统计规律来生成回答。目前，最新版本的ChatGPT已经可以用来生成表格和图片了。

智能聊天机器人模型ChatGPT，因具有可以针对用户输入内容生成自然语言文本，支持连续多轮对话与上下文理解等特性，吸引了大量教育研究者和工作者的关注。作为AIGC的典型应用，ChatGPT会如何改变教育？它到底是教育的"阿拉丁神灯"还是"潘多拉魔盒"呢？一方面，ChatGPT具有赋能教学创新的潜能，可以提升教学成果的完成度与创意感、增强数字导师的角色感与互动性、提高自适应学习系统的易用性与精准度、促进教学策略与方式的智慧化与创造性，支持教学反馈与评价的生成性与个性化；另一方面，ChatGPT在教育中的应用也可能引发风险。

显而易见，作为一款现象级生成式人工智能应用，ChatGPT可能引发教育的深刻变革。教育工作者应谨慎地加以使用，积极吸纳ChatGPT带来的教育创新，同时通过发展评估策略、分割教学责任、加速技术革新、制定伦理指南等措施规避其可能带来的教育风险。

2022年ChatGPT在上线后短短五天内便吸引了超过百万用户，这是社交媒体平台Meta用了十个月、流媒体平台Netflix用了三年才达到的成绩。ChatGPT可以针对用户输入的内容生成更自然的响应文本，允许用户与其就任何事情进行自然语言对话。其敢于质疑、承认无知、支持连续多轮对话与上下文理解等特性吸引了大量教育工作者的关注。

有人说，ChatGPT是教育的"阿拉丁神灯"，也有人说它是"潘多拉魔盒"。那么，ChatGPT会如何改变教育呢？面对人工智能的飞速发展，我们教育工作者该如何做好准备迎接此类新技术的出现呢？

从内容的创作者角度来看，互联网的内容生产形态目前为止可大致分为三个阶段，分别是PGC、UGC和AIGC，具体如表7-1所示：

表7-1 互联网内容生产形态的比较

互联网形态	维度				
	创作者	工作原理	主要特征	技术支持	典型场景
PGC Web1.0	专业人士	静态和动态网页技术	专业化、垂直化、权威化	网络技术	个人电脑、文件传输协议
UGC Web2.0	互联网用户	六度分隔、XML、AJAX	多元化、个性化、民主化、创新化	交互技术、网络及运算技术	移动互联网、社交软件
AIGC Web3.0	人工智能	自然语言处理和生成	大模型、多模态、可控制、虚实共生	计算器视觉技术、多模态技术、机器学习技术等	区块链、元宇宙、全息世界

PGC是Web1.0时代主要的内容生成模式，主要通过鼠标键盘的操作进行专业内容分享，创作者是具备专业知识和技能的专业人士，分享内容具有专业化、垂直化与权威性等特点。此阶段依赖静态和动态HTML网页技术，以静态单向阅读为主，用户仅是被动参与，难以产生交互和新内容的创作。

Web2.0时代，互联网内容生成由专家主导转向用户主导模式，即UGC。这一阶段创作权由专业人员让渡给普通用户，用户既是内容受众，也是内容的创造者和发布者。用户可根据自身需求，自主创作需要的内容，分享内容也更加多元化、个性化、民主化和创新化。此阶段以Blog、SNS、RSS、Wiki等社会性软件的应用为核心，由六度分隔、XML、AJAX等新理论和技术支持展开。

目前，互联网已逐步迈入Web3.0时代。随着人工智能技术的不断改进，通过自然语言处理和自然语言生成方法，依据用户某些词语或句子自动化生成满足用户需求的AIGC模式，已成为Web3.0时代内容生成的重要方式。相较于PGC和UGC，AIGC最大的不同就是能利用人工智能技术驱动机器创作内容，具有大模型、多模态、可控制和虚实共生等特征。

而ChatGPT则是基于人工智能技术的大型语言对话模型，是一种新型自然语言处理工具。ChatGPT首次采用从人类反馈中强化学习的方式，具有根据用户反馈改进输出结果的能力，并根据用户反馈持续化更新和学习，实现与真实对话无异的交流。同时，ChatGPT采用了注重道德水平的训练方式，这使它具备了能判断不怀好意的提问和请求的能力，并能对他们"说不"。OpenAI称，平台提供的对话模式令ChatGPT可以"回答后续的问题、承认自己的错误、挑战不正确的前提与拒绝不恰当的请求"。

从技术层面看，ChatGPT属于AIGC应用，是基于自然语言处理（NLP）和机器学习技术的人工智能内容生成应用。但从创作层面来说，ChatGPT不仅可以自动化生成内容，还可以根据用户提供的输入内容，生成用户内容和专家内容。ChatGPT基于GPT-3.5大型语言模型家族，结合监督学习和强化学习技术进行微调，拥有1 750亿个模型参数，能够以更接近人类思考的方式参与用户查询过程，并可以模拟多种人类情绪和语气，根据上下文和语境提供恰当回答，优化了GPT-3回答中看似通顺但脱离实际的问题。作为一个低门槛、高效率的文字内容生产工具，ChatGPT被认为将在智能客服、虚拟人、游戏、教育等领域获得更大落地，这对于传统的内容生产形态无疑是一次巨大的冲击。

ChatGPT一经推出便引起轰动，成为互联网上最受关注的人工智能应用之一。教育工作者也纷纷就ChatGPT在教育领域的应用潜力与影响展开探索与讨论。有人认为，ChatGPT具有非常强大的信息搜索与整理能力，能为学生的疑问提供更丰富的答案，并允许学生使用自然语言找到他们所需要的学习资源，这将有望彻底改变基于互联网的信息搜索方式。它可以成为一个很好的AI助教，在短时间内帮助教师和学生制定课程计划、生成不同级别的问题列表；也能作为智能助理与秘书，辅助学生完成学术论文、程序和测验等。除此之外，ChatGPT在教育中的可能应用场景，可主要划分为五个方面，如图7-1所示：

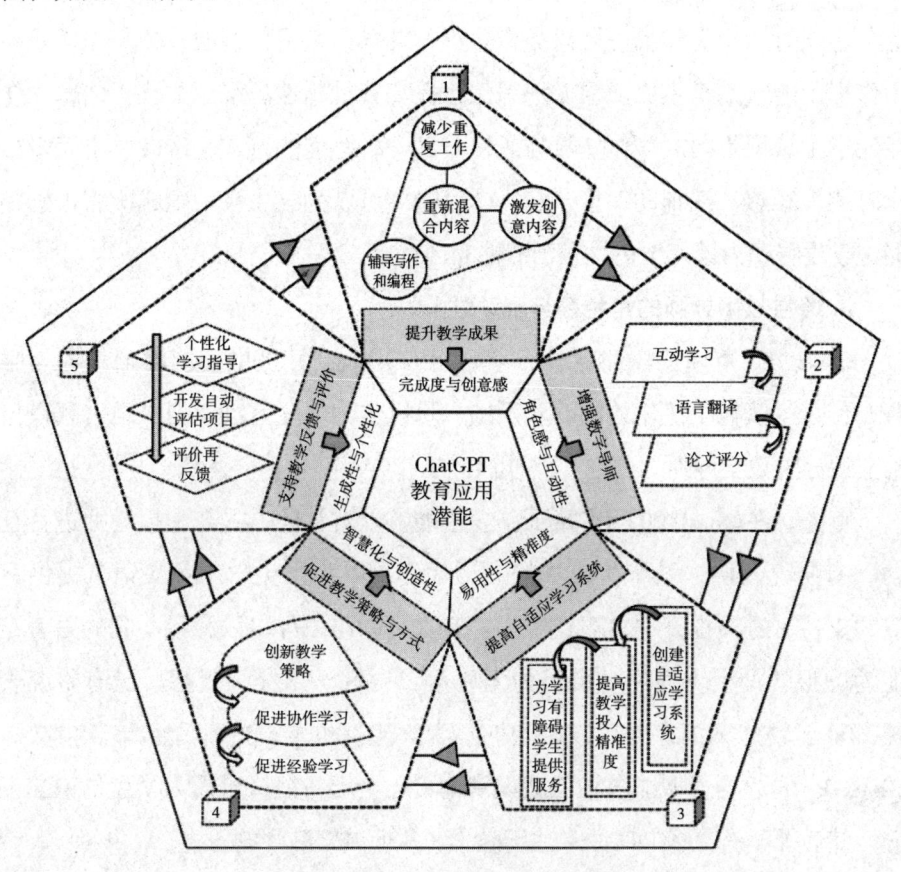

图7-1 ChatGPT在教育中的应用潜能

1. 提升教学成果的完成度与创意感

ChatGPT与教育的结合，能为学生的论文、作业、测试等提供支持，减少一系列重复性工作，激发生成具有创意感的内容。曾有一位五年级教师分享了其利用ChatGPT将一名学生创作的故事重新组合成童谣、连续剧、儿童读物的过程。他详细地解释了ChatGPT如何潜移默化地在一个五年级学生创作的简短故事中添加我们想增加的元素，例如机器人、随机角色等，从而构建出丰富的故事。他认为ChatGPT的出现为趣味性的课堂增添了可能性，为学生提供了一些非常独特的范例，学生能学会如何将写作内容描绘得更加生动和有趣。

ChatGPT不仅能创造出一段写实的故事、一篇精彩的文章、一首优美的诗，还能对写作类和编程代码类作业进行辅导。在写作方面，ChatGPT通过写作提示能鼓励学生更加深入地写作，提高其批判性思维。并且，ChatGPT能使学生认识不同的写作体裁与风格，以一种有趣的方式来帮助学生克服写作时的畏难感。在辅助编程方面，ChatGPT可以为学生自动生成所需代码，促进学生将精力聚焦于更具有创造性的创意上。

2. 增强数字导师的角色感与互动性

ChatGPT可以为学生分析、整合已有知识，并提供智能虚拟辅导与服务，使学生获得个性化的回答和反馈，可以作为学生互动学习、语言翻译与论文评分的数字导师。

首先，在ChatGPT的支持下，学生能够以对话的方式与虚拟导师进行互动。有研究表明，基于生成式的会话代理可以为学生学习第二语言提供有效的支持，进而提升语言表达能力。其次，ChatGPT可以翻译不同的语言，能为虚拟教师提供教学材料，为学生第二语言学习提供支持。已有研究表明，基于数据集训练的生成模型能够为学生提供准确的翻译结果。再次，ChatGPT的数据模型能够精准地识别论文的主要特征，可以为学生的论文评分，使教师能有更多的时间专注于教学，从而减轻教师的压力。

国外学者Omar曾尝试使用ChatGPT强大的语言模型来吸引和教育学生。

他分享了ChatGPT作为数字导师如何训练学生语言技能和沟通技能的详细做法。其表示在英语课程中，可以将ChatGPT作为对话伙伴，来练习学生的口语、听力、阅读和写作技能，鼓励学生参与讨论，从而加深学习印象；在历史课堂中，ChatGPT可以针对一个历史主题，从各种不同角度为学生提供相关材料，从而帮助学生更加开拓性地思考与讨论。可见，ChatGPT能在教与学中扮演数字导师的角色，锻炼学生多方面的技能。

3. 提高自适应学习系统的易用性与精准度

ChatGPT能自动化辅助学生多项任务。"与ChatGPT对话，它会记住你所回复的内容，并且如果你不喜欢它回复的内容，你可以拓展、精练回复的内容，甚至可以要求它以不同的声音和方式进行回复。"因此，ChatGPT可以被用来创建自适应的学习系统，其模型能自动化理解用户输入的任务，并相应地调整自身输出内容的难度，自主化适应学生学习。教师也可以利用学生的进步和表现来调整自身教学方法，进而更有效率地完成教学目标。这无疑提高了自适应学习系统的易用性与精准度，为学生个性化学习提供了便利。

同时，ChatGPT还可以为学习有障碍的学生提供自适应服务，有助于促进教育的公平性和包容性。例如，ChatGPT可以为有阅读障碍的学生提供有声文本的朗读以及自动化的学习方法推荐，进而缩小数字鸿沟，创建学生学习方式的新样态。

4. 促进教学策略与方式的智慧化与创造性

ChatGPT不仅能为学生带来便利，还可能引发教学方式的变革。ChatGPT可以创新教学策略，促进协作学习与经验学习。

首先，ChatGPT可以结合不同的教学方式，如基于游戏的教学、基于项目的教学等，通过不同方式赋能智慧化教学的趣味性，提高学习的投入度和体验感，让学生获益。它还能便捷地帮助教师布置随机的教学任务，生成不同级别且富有创造性的教学问题与答案，使教学策略和方式升级。已有研究在课堂中借助ChatGPT实施翻转课堂、智慧课堂等教学方式，发现其有助于提升学生的学习兴趣。

其次，ChatGPT可以帮助教师制定教学计划、对教学内容进行排序，并生成课堂问题，为教师节省大量寻找教学灵感的时间，这对于新手教师是非常有用的。教师借助ChatGPT，可以使用自然语言轻松地创建定制课程、测验和其他学习材料，显著提高教师教学的有效性和效率。如此一来，教师可以将更多时间和精力专注于打造更优质的教学，为学生提供个性化学习。

最后，在适当教学策略的辅助下，ChatGPT还可以作为不同场景的学习手段，使学生分小组协作解决对应问题，进而促进学生之间的合作，让学生在体验中成长。

5. 支持教学反馈与评价的生成性与个性化

教学反馈与评价是教学中非常关键的一环，有效的反馈能促进学生的理解，保证学习效果。ChatGPT可以实现个性化的学习指导、开发自动评估项目与评价再反馈。

首先，ChatGPT通过有针对性地提供学习资源，可以指导学生进行自主学习，获得必要的知识和技能。已有研究表明，ChatGPT及类似聊天机器人在个性化的学习指导方面具有一定的有效性，能进一步改善学习效果。其对话功能可以及时纠正学生的错误理解，并提供符合不同年龄段学生知识理解水平的、量身定制的解释。

其次，ChatGPT可以协助教师生成个性化的教学评估项目，使教学评价走向公平化。例如，有研究通过ChatGPT开发了一个与中学生生活现象相关的评估任务来评估学生的学习表现，包括标题、方向和评估标准，并通过实证研究的方式验证了此评估项目的有效性。

再次，ChatGPT不仅能协助评估和报告学生的学习表现，还能对学生的学习表现进行准确分析，并与家长或其他利益相关者共享。在人类反馈强化学习机制支持下，ChatGPT可以实现对教学评价的再反馈，甚至能分析学生对教学评价的反应。有研究尝试将一篇文章输入ChatGPT并要求它提出改进建议，发现ChatGPT作出的回应又快又准确，且还可监控和支持学生完成所有修改。

其实，ChatGPT在教育领域的应用，其潜能还远远没有被全部开发出来。可以想见，从今往后，我们所开启的将是人类全方位的竞争力。我们不仅将看到各个层面的角力，从基础创新到应用创新各个层面的光辉灿烂，而且还将看到碳基智慧和硅基智慧的角力——就如当日的围棋盛事，从现在开始，人类的学习力以及在各个领域的表现，也将迎来AI的角力和追逐。这已经不是三千年未见之大变局了，这将是人类历史上前所未见的经历。

一场由ChatGPT引发的教育重塑已经开始，有关的教育变革会逐渐展开，相信我们未来的教育也将因此得到重生。每一个时代都有其工具和文明，人类就是通过使用不断进化的工具才能不断进化。《未来简史》的作者尤瓦尔·诺亚·赫拉利曾说，未来的人类将在人与动物的分化后形成神人与智人的分化，绝大多数人将成为无用的智人，少数人掌握算法，控制着这个世界，多数人可能就是"赛博朋克"。对此，这个时代也许无法避免。是随波逐流、不作为，还是积极适应、拥抱技术，将最终决定人的分层分化。教育就是要激发每个人基因底层的动机，促进进取、创造、自信、善良的基因表达，用树叶摇动树叶，用灵魂唤醒灵魂，用实践推动实践，用真情换回真情，这个使命必然催生教育的革命性重塑。

虽然ChatGPT+教育还有很长的路要走，但从掀开的缝隙中我们看到了波澜壮阔的未来。

创新之路的拓荒者：朋友还是敌人

在本书开篇我就提到，当人工智能向我们走来，不同领域的人持不同的态度。而在当下所有人工智能的范畴，ChatGPT的应用最为广泛。

有一天，我向它提问"在教育领域，ChatGPT是我们的朋友还是敌

人?"时,它的回答如图7-2所示:

> 在教育领域,ChatGPT是我们的朋友还是敌人
>
> 作为一个AI模型,我被设计来辅助和支持教育工作。因此,我更倾向于被视为教育领域的朋友而不是敌人。我能够提供广泛的知识、答疑解惑、指导和资源,以帮助教育工作者、学生和任何对知识和学习感兴趣的人。
>
> 作为朋友,我可以提供以下支持:
>
> 1. **学习辅助**:我可以回答问题、提供解释和概念理解,帮助学生克服学习障碍。
> 2. **资源分享**:我可以指导教师寻找适合的教学资源,如教学材料、参考书目和课程建议。
> 3. **个性化教育**:通过了解学生的需求和能力,我能提供个性化的学习建议和指导,帮助他们更好地成长。
> 4. **教学支持**:我可以辅助老师准备教学材料,提供课堂上的参考建议,甚至为创新教学提供灵感。

图7-2 与ChatGPT对话

不难看出,尽管ChatGPT是一个友善的工具,但我们也应当注意到它的能力仍受到某些限制。要知道,ChatGPT的知识来源于过去的数据和信息,可能无法涵盖最新的发展,当前我们只有通过不断更新版本去优化、更新其中的数据。同时,它更无法代替人际互动和教育体验中的真实交流。因此,在教育领域,我认为,ChatGPT更适合作为有益的补充,而不是取代真正的教育者和教学方法。

面对席卷全球的ChatGPT热潮的冲击,人们都在思考ChatGPT给教育带来的机遇与挑战以及潜在风险,一些国家和地区已采取了不同的应对策略。我们来看看这些国家对ChatGPT的态度。

●全球各国对ChatGPT在教育应用中的态度

全球各国对ChatGPT在教育应用中的态度主要有积极派和限制派,具体如图7-3所示:

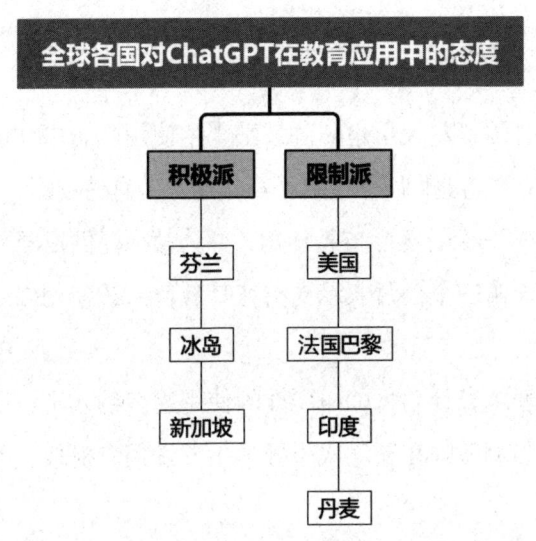

图7-3 全球各国对ChatGPT在教育应用中的态度

1. 以芬兰、冰岛、新加坡为代表的积极派

（1）芬兰——视作教育变革的机遇

在芬兰的大学中，学校将ChatGPT这样的大型语言模型视为"大学教学变化的机会"。

赫尔辛基大学学术事务委员会批准了关于使用大型语言模型的指导方针。该指导方针明确表示，鼓励教师在教学中使用人工智能，并让学生为"人工智能方法将被广泛应用的未来社会"做好准备。同时它明确指出，从各种来源复制和转述文本的规则也适用于ChatGPT，同时强调由于人工智能为产生来源和可靠性尚不清楚的文本带来了新的可能性，因此应该以可控的方式使用它们，而在不能促进学生学习的情况下，应该限制在教学中使用。

（2）冰岛——开发新框架

冰岛为大学开发了一个关于ChatGPT的开放框架，作为应对新人工智能技术的第一步。该框架由冰岛大学质量管理局制订。

新框架承认，如果使用得当，人工智能可以成为简化和加快学术工作的强大工具，但它的使用必须符合大学的所有要求，无论是技术上还是道德上。

该框架规定，在学术工作中使用人工智能与使用任何其他来源的协助遵守相同的规则，滥用人工智能与任何其他形式的学术不端行为遵守相同的规则。

此外，比利时那慕尔大学也明确鼓励学生使用ChatGPT创作文本，以便发现机器生成的文本与他们所学或自己写作的文本有何不同。

（3）新加坡——公开表示支持使用，并为教师提供指导和资源

新加坡是全球第一个公开表示支持在其教育系统使用ChatGPT等人工智能工具的国家。

新加坡政府表示，计划将ChatGPT的使用逐步纳入学校和高等教育机构的教学中，同时强调教师在新时代引导学生"发掘、提取、判断"信息的重要性。

新加坡教育部为教师提供了指导和资源，以有效利用数字技术加强学习，包括使用生成式人工智能（如ChatGPT）等新兴技术。

同时，持续监测这些工具对学习的影响，为学生提供技能和价值观教育，使他们能够自信和负责任地利用技术；教育工作者成立了专业小组探索ChatGPT等工具在教学中的使用，并将继续指导学生负责任地使用科技，包括越来越普遍的人工智能，了解ChatGPT这类工具的运作并掌握判断信息的能力；学校层面也采取了一系列做法，以防止在学习中滥用ChatGPT等生成式人工智能，在日常教学中，学生被教导诚信的重要性以及抄袭的有害影响和后果。

此外，通过与学生的日常互动以及使用多种评估模式，新加坡教师能够评估学生的熟练运用程度，并发现可能由人工智能生成的非常规反应。

同时，强调培养学生的数字素养和网络健康技能，以便他们在学习中能够有效使用技术。

在高校层面，通过创新评估模式，包括考试、演示和项目等，着重培养学生应用知识的能力、自主与协作学习、创造性思维、关系管理和跨文化技能等不容易被技术工具取代的素养。

2. 以美国、法国巴黎、印度、丹麦为代表的限制派

（1）美国——担心学生滥用

ChatGPT一经发布，在美国教育领域引起了广泛关注，目前美国一些学校禁止在学校设备和互联网上使用该工具，理由是担心滥用。

在教育工作者层面，许多教师围绕该工具对教学的影响展开了讨论。多数教师认为，虽然学生有可能通过ChatGPT代替自己进行写作或者其他不当使用，但禁用ChatGPT并不可行，教师应当发挥主观能动性，将该项技术作为教学工具和学生可以使用的学习工具。

（2）法国巴黎——进行严格限制

法国巴黎政治学院对ChatGPT的使用进行了严格限制。该学院的反剽窃章程和学术规定认为，一篇作品不能区分学生自己的思想和其他作者的思想的情况应被视为剽窃。

（3）印度——担心学生产生依赖

在印度，制定毕业考试政策的中央中等教育委员会将ChatGPT列入考试禁止使用项目名单，明确规定手机、ChatGPT和其他电子产品不允许进入考场，同时明确指出使用人工智能工具类似于作弊。

班加罗尔是印度南部卡纳塔克邦的技术之都，它是印度第一个禁止使用ChatGPT和其他人工智能工具的城市，因为该市的许多学生是新技术的早期采用者。

班加罗尔的RV大学禁止使用ChatGPT、黑匣子等基于人工智能的工具，并表示教师将进行抽查。如果学生被发现使用这些工具，他们将被以抄袭为由要求重做作业。

此外，因为一些学生已经在学术活动、考试、实验室测试和作业中使用ChatGPT等工具，印度的其他大学可能很快就会完全禁止，或至少严格监管或限制ChatGPT等基于人工智能工具的使用，因为担心学生会变得依赖这些工具，而这可能反过来会妨碍学习。

（4）丹麦——禁止在考试中使用聊天机器人

在丹麦，一些大学已经采取行动禁止在考试中使用有争议的聊天机器人。

如奥胡斯大学宣布禁止在考试中使用人工智能（包括ChatGPT）的禁令；丹麦科技大学也正式禁止在考试中使用人工智能（包括ChatGPT）；哥本哈根信息技术大学尽管还没有出台禁止在考试中使用聊天机器人的官方规定，但规定在"无辅助"考试中不允许使用聊天机器人。

此外，一些科学出版机构已经制定了关于如何在学术出版中使用人工智能应用程序的规则。

如《科学》杂志宣布学术论文中由ChatGPT或任何其他人工智能工具直接生成的文本、数字和图像都不可接受，《自然》杂志宣布人工智能写作应用程序不能被列为合著者。两家杂志都认为，对科学成果及其传播负有责任的是人类而不是机器人。

当ChatGPT向我们走来，我们却要明令禁止，是什么原因？实际上，ChatGPT作为新的人工智能工具，在应用方面的确存在一定的伦理问题，这也是我们接下来要继续探讨的ChatGPT在教育应用中面临的挑战。

拨开挑战的迷雾

人工智能技术的飞速发展深刻地改变了教育的方式，而ChatGPT等自然语言处理技术的出现更是为教育领域带来了新的可能性。在本章第一节我们介绍过，ChatGPT作为一种智能对话系统，可以应用于教育领域的多个方面，它为我们提供了种种便利，这种技术的应用为教育增添了灵活性和便利性。然而，随之而来的挑战也不容忽视。

在国外的某个城市，一个名为"Smart School"的先锋学校决定引入

ChatGPT技术来辅助教育。这所学校的初衷是希望通过这种先进的技术，为学生提供更个性化、更高效的学习体验。然而，在实际应用中，他们遇到了一些意想不到的挑战。

艾米是这所学校的一名八年级学生。她对ChatGPT技术充满了好奇，并积极参与与之相关的学习活动中。最初，艾米很享受与ChatGPT进行对话，因为它能迅速回答她的问题，提供相关的解释和资料。然而，随着时间的推移，艾米逐渐发现自己在某些课程上变得越来越依赖ChatGPT。她开始缺乏自信，不再愿意主动思考问题，而是直接向ChatGPT寻求答案。

与此同时，艾米的教师也注意到了一些问题。虽然ChatGPT能够提供准确的答案，但它并不能完全替代教师的角色。教师们发现，艾米在与同学进行课堂讨论和合作时变得不那么积极，她的创造力和批判性思维能力也有所下降。教师们开始担心，过度依赖ChatGPT可能会阻碍学生的自主学习和社交能力的发展。

此外，学校也面临着一些管理上的挑战。由于ChatGPT可以随时随地使用，学生们常常在课堂上分心，甚至利用它进行与学习无关的活动。这给教师带来了额外的管理负担，他们不得不花费更多的时间和精力来维持课堂纪律和学生的注意力。

这个真实的故事揭示了ChatGPT在教育应用中面临的一些挑战。虽然它能够提供便捷的学习资源和答案，但过度依赖它可能会削弱学生的自主学习能力和创造力。同时，管理上的挑战也不容忽视，如何平衡技术的便利性和有效管理学生的学习行为是一个亟待解决的问题。

为了克服这些挑战，学校可以采取一些措施。首先，教师可以引导学生正确使用ChatGPT，将其作为辅助工具而不是替代自己的思考和学习。其次，学校可以制定明确的使用规定和管理策略，限制学生在课堂上过度使用ChatGPT，并加强对学生学习行为的监督和管理。最重要的是，学校应该持续关注学生的学习进展和反馈，根据实际情况调整教学策略和技术应用方式，确保教育目标的实现。

以下是目前我们在运用ChatGPT过程中面临的一些挑战与问题汇总。

● 挑战与问题

ChatGPT在教育应用中面临一系列挑战，这些挑战可能影响其有效性、可靠性和合适性。以下是一些主要挑战，具体如图7-4所示：

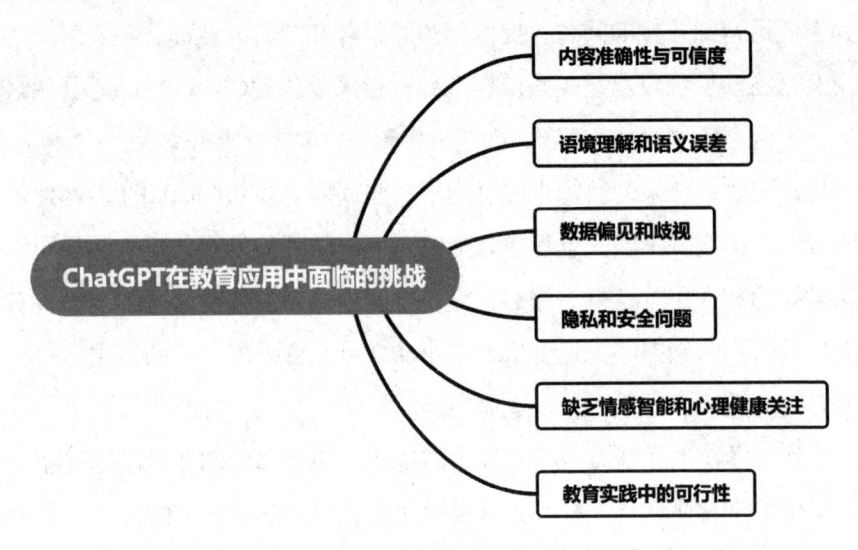

图7-4　ChatGPT在教育应用中面临的挑战

1. 内容准确性与可信度

ChatGPT基于大量数据的学习，但它的答案可能受到数据的限制。由于训练数据的多样性和来源的广泛性，它容易受到虚假信息、不准确的内容或者误导性数据的影响。因此，它可能提供不准确的或有限可信度的答案。解决这一问题需要更好的数据过滤和内容验证机制，以确保ChatGPT提供的信息准确、可信。

2. 语境理解和语义误差

ChatGPT在理解复杂语境和语义上存在限制。这可能导致它给出的回答与问题实际意图不符，或者忽略了重要的上下文信息。改进这一点需要更多的语境感知和深度理解能力的培养，使ChatGPT能够更好地理解问题的复杂性。

3. 数据偏见和歧视

训练数据中存在的偏见可能会影响ChatGPT的回答，导致歧视性答复。解决这一问题需要更加严格的数据选择和准备，以确保训练数据具有多样性、公正性和代表性，从而降低模型的偏见和歧视性。

4. 隐私和安全问题

ChatGPT作为一个交互式工具，需要处理教育数据，其中可能包含学生和教师的个人信息。确保这些数据的安全存储、传输和使用对于维护隐私和安全至关重要。强化加密、安全协议和权限管理是解决这个问题的关键。

5. 缺乏情感智能和心理健康关注

ChatGPT通常缺乏对情感的理解，不能有效应对学生的情感需求，例如应对焦虑、提供心理健康支持等。改进需增加情感识别能力和情感智能，以更全面地支持学生的心理健康需求。

6. 教育实践中的可行性

尽管ChatGPT在信息传递和回答问题方面表现出色，但它在实际教学中的应用需要更多验证。其能否适应多样化的教学场景、教学风格和个体需求，以及与传统教学方法的整合程度仍需我们进一步研究和探讨。

而上述这些挑战需要综合的解决方案，包括改进技术本身、加强对数据和内容的监管，以及提供更完善的伦理指南来规范人工智能在教育中的使用。同时，为了更好地应对这些挑战，还需要更广泛的跨学科合作，从技术、教育、伦理等多个领域寻求解决方案，以确保人工智能技术在教育领域的有效而负责任地应用。

● 如何解决ChatGPT带来的挑战与问题

1. 欧盟

在欧盟，欧洲大学协会表示，ChatGPT和类似人工智能工具的到来，在全球教育工作者中引发了对学习、教学和学生评估的实际和潜在后果的关注和激烈辩论。该协会在2023年2月18日发布的一份题为"人工智能工具及其在高等教育学习和教学中的负责任使用"的声明中称：

"人工智能的使用存在各种各样的缺点，比如缺乏对信息来源的参考，数据和算法存在偏见，知识产权和版权或者与隐私、数据安全和公平有关的问题。然而，对学术工作也有许多潜在的好处，包括提高效率、个性化学习和新的工作方式。很明显，禁止使用人工智能工具和其他新技术将是徒劳的。因此，高等教育部门必须调整学习、教学和评估方法，以有效和适当使用人工智能工具。大学必须根据其使命、目标和价值观，探索负责任地使用人工智能工具，并适当考虑对社会、文化和经济产生的更广泛后果和影响。"

面对ChatGPT带来的机遇和挑战，欧洲大学协会提出了三个建议：一是敦促大学和教职员工与学生讨论如何负责任、合乎道德和透明地使用人工智能工具和其他新兴技术；二是审查和改革教学和评估实践；三是大学要为新技术和社会创新提供知识支持，还要研究和评估新技术对社会的影响，并确保毕业生能够适应由于数字化和新技术特别是人工智能而不断变化的劳动力市场，这也将改变大学及其合作伙伴的工作方式。

欧洲研究型大学协会（由16个国家的21所领先的欧洲研究型大学组成的协会）则在题为"地平线欧洲数字和人工智能研究的优先事项"的文件中，敦促欧盟和各国政府在数字和人工智能领域投入更多研究。

2. 韩国

在韩国，ChatGPT的使用正在迅速普及，但大学因为没有制定有效的应对措施而受到批评。韩国教育部已经召开官员会议，讨论ChatGPT的使用。韩国其他教育部门表示，与其发布具体指令禁止ChatGPT的使用，不如重点教给学生数字道德以及如何负责任、明智地使用ChatGPT。韩国顶尖学府首尔国立大学已经开始让人工智能研究所讨论开发新工具，以防止使用ChatGPT的所谓非法活动。

3. 德国

德国联邦议院2023年2月宣布，将审查ChatGPT对教育和科研部门可能产生的影响，并已责成议会教育、科研和技术后果评估委员会开展一项相关研究。在接下来的几周内，评估办公室将研究技术发展趋势、可能的应用场景以及在教育和科研系统的各个领域使用ChatGPT和相关语言处理系统的效果，并向联邦议院提出建议。

德国部分联邦州的教育部门也关注到ChatGPT在教育领域的应用。如北莱茵—威斯特法伦州学校与教育部在其官网关于ChatGPT的介绍中提出，根据视角的不同，人工智能可以提供机会并开辟新的视角，或者带来新的挑战或危险。该州教育部指出，与任何数字工具的使用一样，必须确保学生有平等的机会使用它们，并确保它们的使用符合数据保护法。

4. 瑞典

在瑞典，学生使用ChatGPT正给大学带来挑战。据当地媒体报道，瑞典乌普萨拉大学的一名学生因在考试中使用ChatGPT而受到警告，这是此类案件的首例。乌普萨拉大学纪律委员会的结论是，该学生"试图通过使用ChatGPT完成考试来误导考试委员会"。由于使用聊天机器人的考试任务只占考试的一小部分，所以该学生只是被处以警告而不是被开除。

在挪威，讨论ChatGPT及其对科学研究和高等教育的影响的研讨会分别于2023年2月3日和2月8日在卑尔根大学和阿格德大学举行。会上展示了挪威大学目前出现的三种应对新技术挑战的策略或反应模式。

第一种是麻痹或者观望策略，如挪威科技大学决定如期举行春季考试。这种策略的目的是不破坏现状，希望事情会正常化。

第二种是关注负面后果，然后提出限制。

第三种是采取积极主动的策略，强调将新方法与传统方法相结合，可以加强学生的学习和批判性思考。

如卑尔根大学研究人员正在使用这项技术编辑和改进自己的写作。阿格德大学提出ChatGPT对大学最大的好处是"作为一种有指导性的写作工具，从短期来看，可以在写作过程中帮助所有人，可以帮助其完成初稿，例如摘要，还可以用它来确保论文的流畅性，确定文本中需要进一步澄清的部分，找到表面的逻辑缺陷，获得额外论点的建议；从长远来看，可以期待看到为科学家量身定制的工具的发展，其中包括在科学层面进行充分的写作和论证，添加适当的参考文献，要求进行实验，并根据所提供的数据验证假设"。

教育领域与人工智能的融合既是一个充满希望的前景，也是需要审慎对待的领域。随着技术不断进步，ChatGPT和其他人工智能工具的应用将在未来为教育带来更多的机遇和挑战。

然而，应对这些挑战的过程是一个持续的、逐步改进的过程，需要技术、教育、伦理等各个领域的不懈努力和合作。通过更多综合性的方法，让ChatGPT和其他人工智能工具在教育中的应用将更好地服务于学生和教育者，为教育领域带来积极的变革和进步。

只有通过教育、技术创新、伦理监管和持续探索，我们才能最大限度地发挥人工智能技术在教育领域的潜力，确保其成为教学的有效补充，而不是替代。这个过程需要全社会的参与和关注，以推动人工智能在教育中的持续发展与应用。

ChatGPT未来教育蓝图

"目前，我们试用的ChatGPT是被限制了实时更新数据能力的，而且显然还封印了很多可回答问题的领域和规模。例如，大家对它的很多批评，如不准确、数学差、没主见，甚至经常是一本正经地胡说八道，在更大规模训练和应用中，都会很快进化和完善，也会在更新的过程中加入更多新的能力。可以预见，在很短的时间里，大语言模型将具备越来越综合和通用的能力。"

这一段话其实是我在ChatGPT刚刚发布的时候写的。ChatGPT的进化速度我们有目共睹，这些问题都在快速改进，而这个过程中，对人的替代问题始终还是无法回避。

在历史上，这样的处境人类经历了好几次，但每一次都能安然度过。当工业化到来的时候，大多数农民失去了土地，他们在工厂里找到了工作。当机器大生产到来的时候，大多数工人失去了工作，但他们转而在服务业找到了新工作。之前每一次替代时又提供了更多更好的新岗位。

然而，这次机器看起来将在短期内替代的是所有领域的绝大部分工作岗位，无论是脑力劳动还是体力劳动，而我们却还完全看不到这数以亿计的新岗位将从何产生。更何况，之前的每次行业更新都付出了起码一代人的代价，前提还是公共教育系统能够及时应对并培养适应新技术的人才。

如今，ChatGPT已经可以高分通过法律、医学等领域的考试。一项研究展示了ChatGPT在法律领域的突破，它能够通过模拟法律考试，并取得了令人瞩目的高分。这项研究分析了ChatGPT在法律领域的表现，发现它能够准确地解释法律条款和案例，并提供有说服力的法律意见。这表明ChatGPT具有在法律领域辅助人类工作的潜力。

除此之外，ChatGPT还在医学领域展现出了广泛的应用前景。一项研究表明，ChatGPT可以通过美国医师执照考试（USMLE）的模拟考试，并且在多个领域都表现出色。ChatGPT能够理解和回答复杂的医学问题，提供准确的诊断和治疗建议。这项研究表明，ChatGPT有望在医学领域发挥重要作用，帮助医生更好地诊断和治疗患者。

这些研究表明，ChatGPT在法律和医学等领域已经具备了相当高的水平。然而，尽管ChatGPT在这些领域取得了显著的进展，但它仍然不能完全替代专业人士。在法律和医学等领域中，复杂的情况和独特的专业知识使得人类专业人士在某些方面仍然具有不可替代的优势。因此，ChatGPT可以作为辅助工具，帮助人类专业人士更高效地处理相关事务。

当然这也说明，全球范围内，"死记硬背+有限推理"仍然是目前教育和人才选拔的基本导向。培养工业社会需要的大量产业工人和工程师，是我们现有教育系统主要的任务，而且看起来短时间内不会有什么变化。所以，当我们教育工作者和家长陷入内卷等种种焦虑中，我们能否静下心来思考，我们究竟又能为学生的未来做些什么呢？我们的教育将去向何处？

●未来社会到底更需要培养什么样的人才？

在大规模劳动力被替代的过程中，教育总是发挥着最重要的导向作用。既然很快我们都会有一个什么都懂的个人助理，那还有哪些东西是仍然需要我们自己去学习的呢？原本致力于教授知识和技能的教育体系又将如何调整呢？

对于未来社会更需要什么样的人才以及对基础教育的新要求，ChatGPT给了我一个中规中矩的回答，具体如图7-5所示：

> 未来社会更需要具备跨学科综合能力、创新思维和数字科技技能的人才。基础教育的新要求包括综合教育、科技素养、创新培养、社交情感能力和持续学习意识的培养，以培养学生适应未来社会需求的多面向能力。

图7-5　ChatGPT给出的答案

我们可以这样理解，未来需要培养更具有综合能力和创新能力的人才，而不是简单的知识传授。另外，需要更加注重教育人们具备适应未来社会的能力，例如学习能力、创造力、协作能力等。

然而，这看起来简单的几个关键词，其实每个都需要辩证地去理解。

1. 关于因材施教

首先，AIGC技术将改变教学的方式和模式，使因材施教成为可能。例如，通过智能化的内容生成和推荐系统，甚至交互式的学习工具和游戏等，学生可以获得更加个性化、多样化的学习体验，教师可以更加高效地生成教学素材、测试题和作业等，从而提高教学效率和质量。事实上，结合XR技术，每个学生完全可以接受完全不同的个性化教育，这时学校集中传授知识的意义就消失了，而与人沟通和协作也许就成了学校物理空间存在的意义。然而，这样的学校就完全可以在自然之中幕天席地了。

2. 关于编程和数学

由于看起来替代人工作的都是软件，所以很容易想到让学生学编程，做人工智能工程师，但编程和人工智能其实是两件事。编程这件事，似乎恰恰是最先被取代的。

虽然目前大模型的训练和调试还是成本很高的技术工作，但未来我们将可以通过多模态API接口与MaaS（模型即服务）交流，通过语音，甚至脑机接口等方式直接获得个性化的服务，而不需要编码的过程。而目前的GPT，由于消化了GitHub（软件项目托管平台）的海量代码，也已经具备了基础编码的能力。由GPT-4驱动的Copilot X，已经具备对话、文本生成代码、语音生成代码和自动修复代码漏洞以及解释代码等功能。我正在ChatGPT的帮助下，开始学习用Python生成代码完成一些简单的工作，虽然对初学者来说，还有很多小问题，但它可以不厌其烦地帮助你解释出错信息并帮助你修改调试。

这样看来，编程的能力其实就转为用语言描述需求的能力，当然无论是文生图还是控制机器人，人机交互的核心又回到了人与人沟通的语言。

但除了日常应用以外，算法的本质还是数学。毕竟每一篇AI论文里，最大篇幅的还是数学公式和推导过程。所以如果你想与AI协作，要学好语言，但如果你想定义和控制AI，恐怕还要学好数学和逻辑思维。也只有逻辑思维，才可以让人从海量的信息里做出判断甚至批判，去芜存菁。

3. 关于语言

哲学和语言学在早期很难区分，所以语言学习的意义可能远大于阅读、写作和翻译技能。描述世界和创造世界的能力，在数字世界里即将合二为一，这在我的另一篇文章里也会有解释。

虽然AI翻译领域发展迅速，实时互译似乎离我们不远，许多人可能认为不需要再花费大量时间学习外语。然而，最近与各种AIGC的交流中发现，在处理复杂情境时，一些AI工具仍然需要将中文翻译成英文再进行计算，尤其在涉及微妙的图像和文辞修改时，英文水平的限制依然很明显。因此，未来对英文水平的要求不仅仅停留在日常翻译水平上，跨文化交流能力也显得尤为重要。

不仅如此，尽管许多国内公司正在使用中文语料进行模型训练，但中文语料只占整个互联网规模的5%，而且真实性和严谨性相对较差，因此中文大模型质量在很长一段时间内可能难以超越英文。因此，英文水平和英语思维方式可能仍然在未来从事创新研究和工作中十分重要，甚至在人机交互中可能比编程还要重要。

考虑到对机器人的控制，未来很多简单任务都可以通过自然语言交互生成个性化程序来执行。当然如果是一个复杂的任务，仅用自然语言交互的难度其实并不小。而在使用文生图工具描绘建筑形象的过程中也会发现，能用自然语言把设计意向充分表达的能力，甚至可以替代之前建筑学学习中的草图能力。

据悉，硅谷出现了一个全新的招聘岗位Prompt Engineer，意思是"提示工程师"。这个岗位不需要写代码，只需要找出合适的提示词，让AI发挥出潜力。也就是说，不需要技术背景，只要会聊天，也能当工程师。所以，高质量使用自然语言与机器沟通，语文和英语仍然是基本的能力。当然，提示工程师这件事也不会长久存在，而会变成我们每个人的基本技能，毕竟现在也很难见到PPT工程师或者Excel工程师。最终，还是需要每个人都掌握精确描述需求的能力，才能与AI沟通和协作。

4. 关于学习与创新

大模型本质是一个统计模型，某种程度上代表了社会整体的认知。对于一些事实性的问题，很容易得到明确的答案。然而在绝大多数决策场景下，其实都是在综合大量信息的基础上，最终需要人的价值判断，ChatGPT经常表现为"端水大师"的情形，往往就是其无法替人做出的价值判断。

我们目前的教育体系主要还是传授知识。表面上看起来，AI很快就会对各种学科知识无所不知，这种能力最大意义上还是作为帮助我们快速学习获得信息的工具。如果一个人只有传递AI结果的能力，显然同样是会被淘汰的。

对于任何人类已有的知识领域，AI都会具有绝对的优势，但在新领域的探索方面，AI还只能作为助手。而这些所谓创新领域，往往存在于各种学科的交叉领域。从小学到大学，我业余时间最常做的事情就是在图书馆看书，而且一般喜欢于每个书架挑一本来泛读。

这样虽然学得杂而不精，但可以较早建立一个相对完整的知识框架，而终身学习的知识都可以分门别类地妥善收纳和读取。对多学科的基本了解，对从事跨领域的创新可以说是基本素养。借助AI高效的信息综合能力，我们可以获得快速而广泛的学习能力，掌握各学科的基础知识和规律，从而加速跨领域创新涌现的过程。

通过以上分析，我们会发现，似乎一个什么都会的AI并不能取代我们的学习过程，反而对语数外乃至更多学科的学习提出了更高的要求。

工业时代培养熟练工人的教育系统即将结束，而未来文明的很多特征，包括教育与人，也许更像农业时代的状态。

在人工智能带来的变革之中，也许未来绝大多数劳动者都会被淘汰，就连打标签的工作以后也会是AI做得更好。当然，极大发展的生产力也许仍会实现全民基本收入，只有极少数人能够且需要与人工智能一起协作。这可能也是未来教育并不乐观的方向：大多数人不作为，少数人更加努力。

也许与目前简单减负的方式不同，数学、语文、外语，包括更多领域的基础知识，在未来对人的要求只会更高，但并不是多刷题和刷难题的方向，而是需要更全面综合的知识体系。同时，我们原有的教育体系也应对这种趋势作出调整，以培养具有全面素养、适应快速变化的学生，这包括推广科技教育、注重创新和解决问题的能力培养，以及强调社交情感智能和持续学习的重要性。这些新的教育要求将为未来社会培养更具应对挑战能力的人才，为持续变化的环境做好准备。

而对于解决某个方向的特定问题，人工智能很容易学会人类的技能。但未来的创新，可能只有百科全书式的人才才能胜任。在ChatGPT的帮助下，人类也许又有可能重新达到这种状态，并发挥人类大脑的量子计算机制，帮助教育不断进化。

第 8 章
Chapter 8

元宇宙+教育：
开启人工智能时代的
教学场景革命

元宇宙，教育数字化的高维阶段

元宇宙，一个融合虚拟和现实的数字化空间正在快速崛起，成为人工智能时代教育领域的新兴趋势。其强大的互动性和个性化特性为教学提供了全新的可能性。同时，元宇宙作为虚拟现实和增强现实的新兴形式，正在引领着人工智能时代的教学场景革命。

元宇宙，Metaverse，对于这个词相信大多数人并不感到陌生。简单来说，元宇宙是一个虚拟的数字空间，将虚拟现实（VR）、增强现实（AR）和混合现实（MR）等技术与互联网、社交媒体、人工智能等融为一体。这个概念描述的是一个模拟的数字世界，允许用户以沉浸式的方式进行互动、交流和体验。

元宇宙的本质就是与现实世界交互融通的数字化交互环境。狭义上，它是指基于VR/AR、人工智能技术实现的让人身临其境的虚拟世界；广义上，它可涵盖数字世界的所有概念，从当前的互联网到未来虚实融合的数字化世界都是元宇宙。

在元宇宙中，用户可以创造、交互和体验内容，仿佛置身于一个虚拟的现实空间。而元宇宙的火爆也并非偶然，经过多年的发展，虚拟现实、人工智能、区块链、大数据、5G通信以及可穿戴设备等基础技术逐渐成熟。这些技术的融合应用使得创建元宇宙的构想变得切实可行。这个概念代表了对数字体验的全新维度，提供了更丰富、更互动、更个性化的体验方式。它超越了传统虚拟现实的界限，具有更大的交互性和参与性，成为创新和教育领域关注的热点。

而我国教育数字化经过近十年的大力推进，已经实现了跨越式发展。教育部提供的数据显示，全国各级各类学校全部接入互联网，所有学校出口带宽达到100兆以上，接入无线网的学校数超过21万所，99.5%的中小学拥有多媒体教室。

数字技术对教育具有革命性影响，新的技术总会给教育变革带来新的可能。

那么，像元宇宙这样的新技术又将如何影响教育呢？

●元宇宙——教育数字化的高维阶段

元宇宙是一个融合虚拟现实、增强现实和其他技术的数字化空间，它让用户可以沉浸在虚拟环境中。元宇宙常常被比喻为一个高维度的空间，因为它允许用户以超越传统三维空间的方式进行互动和体验。

在传统的三维空间中，我们通过长度、宽度和高度来定位和描述物体。然而，元宇宙所提供的体验远远超越了这些维度。它将虚拟现实、社交互动、感官体验和信息交流融合在一起，从而创造了一个更加丰富和抽象的空间。

这种高维度的体验使得元宇宙成为一个允许用户以更为直观、全面和抽象的方式进行学习、交流和创造的环境。用户可以在其中进行更深层次的互动和探索，创造出新的、更丰富的体验，这也为教育带来了更广阔的可能性。

基于高维空间的元宇宙概念，能够将学习、互动和创新推向一个全新的层次。它超越了传统的教育范式，为学生提供更加综合、丰富和交互式的学习体验。通过这个高维度的数字空间，学生可以更深入地探索知识、模拟实践和亲身体验，从而推动教育向更具个性化和沉浸式的方向发展。

在一所教育机构，教师们决定利用元宇宙的概念，为学生打造一个全新的学习体验。通过虚拟现实设备，学生们被带入一个高度抽象的数学世界中。在这个元宇宙中，他们不再依赖传统的数学教科书，而是通过沉浸式的方式，探索三维空间中的数学原理。

一个名叫艾米的学生，原本对数学感到厌烦和困惑。然而，在这个元宇宙中，她被引导进入一个由数字和几何图形构成的多维空间。通过直观的视觉表现和实时互动，她开始理解了数学中抽象概念的实际运作。

在这个高维度的数学空间里，艾米可以直观地探索不同几何形状的关系，理解线性代数中的向量运算，并透过视觉化的表达方式理解微积分中的概念。这种沉浸式的学习方式让她逐渐从对数学的抵触变成对其感兴趣，甚至是热爱。

这个案例展示了如何利用元宇宙为学生创造了一个更为直观和深入的学习空间。通过虚拟现实和高维度空间的结合，学生们能够以更为抽象和全面的方式探索学科，使得学习更加生动和有趣。

总之，元宇宙作为一个高维度的数字空间，为教育提供的沉浸式、交互式的学习体验，超越了传统三维空间的限制，为学生带来了更丰富、更深入的学习方式。以当前的速度发展下去，元宇宙有望为教育带来更全面和深入的教学体验。尽管在应用中仍存在挑战，例如技术普及和内容开发，但其前景是充满希望的。

未来，随着元宇宙+教育更多的应用场景落地，它改变的不再是单纯的学习环境，而是引领着我们的教育工作进入一个更为丰富、交互和高维度的新时代。

穿越虚实的学堂

元宇宙不仅是科技的突破，更是教育体系的创新。这个数字化的高维度空间为教育提供了全新的可能性和范式，重塑了学习和教学的方式。在这个引人入胜的数字领域中，教育的应用场景变得更加多样化且引人注目。让我们一起深入探讨元宇宙在教育领域中的应用场景，看看它是如何打破教与学的时空边界的，具体如图8-1所示：

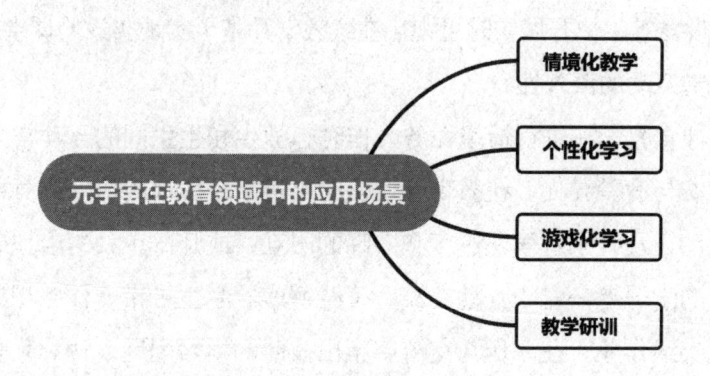

图8-1 元宇宙在教育领域中的应用场景

● 场景一：教育元宇宙支持的情境化教学

情境化教学指在教学过程中，教师有目的地引入或创设具有一定情绪色彩、以形象为主体的生动具体的场景，以引起学生的实际体验，从而帮助学生理解知识内容，并促进学生心理机能发展（米俊魁，1990）。当前的课堂教学非常重视情境创设，强调学生在真实任务情境中进行自主与合作探究，不断强化对知识的理解，提高知识迁移和应用能力，促进有意义的知识建构。情境创设质量将直接影响学生学习效果。教育元宇宙凭借其突破时间、空间等客观条件限制的特点，能创设与教学内容高度关联的"身临其境"的虚拟情境，促进情境化教学的有效落实。

教育元宇宙支持下的情境化教学具备三个特征。

1. 情境的客观真实性

传统课堂教学的情境大多是教师通过语言描述等方式建构的主观情境，如教师经常说"同学们想象一下自己正处在……"，这使得情境创设难度较大，设计不良的情境难以激发学生的认同感，代入感也差。在教育元宇宙的支持下，师生可佩戴VR终端进入教师预先创设或选择的教学情境，借助头戴式显示器、耳机、手柄、数据手套等交互设备，开展多人在线探究式、协作式、具身化的教学活动。此外，学习者可进入不同的学科或专业教室，通过全息视频、全景直播等技术连接远程教学场所（如红色文化景点、工厂车间、大型仪器等），开展实时可视化在线教学和基于实地实景的课堂互动。

2. 课堂互动的深入性

传统课堂教学在进行情境任务合作时，师生和生生间的互动常常不够深入，学生参与度差异大。在教育元宇宙的支持下，教师的虚拟化身可隐身观察小组活动，及时了解学习进度和面临的困难，或开辟单独的虚拟研讨室，与有需要的学习者一对一互动交流、答疑解惑。学生可带着任务积极参与小组活动或实践作业，在合作与交流中指出彼此的学习问题，达到优势互补、事半功倍的目的。

3. 实验情境的感性化

传统课堂教学实验通常以教师演示实验、学生分组实验为主，虽然实验是真实的，但实验内部的原理难以可视化，难以为学生提供感性的实验情境。虚拟实验室可克服传统实验过于抽象、理性的特征，如学习者可在数学、物理、化学、生理实验室探索电磁场的规律、物质的分子结构、解剖动物或人体，以及通过动态3D模型探讨数学知识，或在历史、地理、美术、天文体验馆实地探索兵马俑，攀登珠穆朗玛峰，体验《清明上河图》和模拟太阳系八大行星运动。

教育元宇宙支持下的情境化教学可分为以下步骤：教师自主创设或选择虚拟教学情境，根据情境设计任务，依据学生学情分配学习小组，布置情境学习任务，组织引导情境学习，指导小组或个人，展示小组学习成果，总结评价与拓展。

●场景二：教育元宇宙支持的个性化学习

个性化学习指根据学习者的不同需求和发展特点，采取适切和灵活的方法、手段、策略、内容、评价等促进学生自主学习。传统的个性化学习主要侧重于教师的个性化指导或基于算法的个性化学习推荐，即教师或算法基于学习者的特点和薄弱点，制定和推送不同的指导方案或练习计划，学习者完成相应的方案和计划，以达到个性化学习的目的。这一学习方式并未改变"以知识为中心"的传统教育理念，只能看作是传统学习方式的改良和强化。学习者仍是被动学习，其个性需求没有得到满足，主体地位难以体现。教育元宇宙支持的个性化学习，使得学习者从被动转向主动，学习者既是相关产品和服务的使用者，也是创造者、更新者、服务者和审核者。

教育元宇宙支持的个性化学习具备四个特征。

1. 学习资源新颖

在开放的教育元宇宙资源创作社区中，学习者既是学习资源的使用者，也是重要的创造者、更新者和审核者，可促使学习资源持续动态更新。

2. 学习目标的多重性

教育元宇宙支持下的个性化学习既可以指向知识的掌握，也可以指向技能的获得、思维的培养、观念的改变等多重目标。

3. 学习方式的灵活性

传统的个性化学习方式多集中在教师或算法推送个性化资料和作业、学生完成相关个性化资料和作业，本质上只是传统学习方式的改良和强化，并未发生实质意义的改变。教育元宇宙支持的个性化学习强调个体在逼真的虚拟情境中自主学习，不同的学习者可以选择不同的学习方式，比如跨时空的课堂学习、高仿真的观察学习、沉浸式的游戏化学习等。

4. 学习成效评价的即时性、精准性

传统的个性化学习主要基于测验、教师主观评价等开展学习评价,评价方式单一、评价内容片面、评价精度过低。教育元宇宙支持的个性化学习采集学生的全过程学习行为数据(含教师评价、同伴互评),数据来源更丰富、评价方式更多元、评价精度更高。

此外,教育元宇宙高算力、低延时,能够做到即时反馈。学习者可以根据发展特点、学习兴趣和需求,按照自身学习进度自主灵活地选择个性化学习方式、感兴趣的学习内容和学习情境,并使用不同的手段和方式,与不同的学习者和情景元素进行交互,记忆和理解相关信息及知识要素,应用相关信息、知识分析和解决问题,完成自评和他评且获得即时反馈,从而促进知识建构和素养提升。

●场景三:教育元宇宙支持的游戏化学习

游戏与元宇宙有着密不可分的关系。网络游戏是元宇宙的雏形,其与元宇宙诸多特征相似,比如虚拟经济系统、强虚拟身份认同、强社交、自由创作、沉浸式体验等,游戏化学习是较为适切的教育元宇宙应用场景。基于此,我们认为教育元宇宙支持的游戏化学习是一种借助VR/AR/MR、人工智能、脑机接口等技术,以学习为终极目标,以沉浸式游戏为主要手段,将知识、娱乐融为一体,实现真正意义上的寓教于乐的学习方式。

教育元宇宙支持的游戏化学习有四个特征。

1. 即时反馈

教育元宇宙支持的游戏化学习即时反馈机制强大。学习者开展游戏化学习时能够获得及时准确的反馈,以提高学习的专注度。

2. 高沉浸式体验

教育元宇宙借助VR/AR/MR、人工智能、脑机接口等技术,打造高仿真的虚拟游戏世界,可以给学习者带来更佳的沉浸式体验。

3. 强交互性

教育元宇宙支持的游戏化学习的交互形式多样、交互对象多元、交互次数高频。学习者既可以与学习游戏中的情境元素进行人机交互，也可以在教育元宇宙中与老师、同学交互，交互体验更贴近真实情境。

4. 自主创造性

教育元宇宙支持的游戏化学习具有更多的游戏自主性，学习者可以选择不同特点的游戏角色、不同难度的游戏人物、不同风格的游戏场景、不同类型的游戏主线，创造性地采用多种方式、多种途径完成游戏任务，并在不破坏游戏框架和学习目的的情况下，享有创造游戏角色、续写游戏主线等超级权限。

开展教育元宇宙支持的游戏化学习时，学习者可以借助VR/AR/MR、脑机接口等终端，选择个人游戏或团体游戏，确定自己喜欢的角色、游戏场景、游戏主线等，并设定游戏化学习目标和任务。在游戏过程中，学习者可调动眼、耳、口、鼻等身体感官，通过语音、动作、眼动、手势等不同方式达成行为目标，实现近乎自然的、"亲身经历"式的交互，体会教育元宇宙支持的游戏化学习的真实感、愉悦感和收获感。

●场景四：教育元宇宙支持的教学研训

教学是一种不断发展的智力技能。通过与学生、教学情境的互动，教师可以不断规划、试验、反思和调整与学生的互动以及对学习环境（包含学习者、学习工具和课堂环境）的控制，积累教学知识，在知识传授与学生品行培养方面取得成效（Hall & Smith, 2006）。因此，教师需要通过教研总结教学经验，发现教学问题，研究教学方法，提高教学质量，促进自身专业发展。元宇宙不仅能创设虚拟情境辅助教学，也能创设教研情境辅助教师研训。

教育元宇宙支持的教学研训具有三个特征。

1. 教师参与度高

在教育元宇宙的支持下，计算机模拟的教学培训能为受训教师提供多种可重复实践的教学场景，甚至可以构建真实世界中逻辑上难以创建的受训场景。教师在这些情境中进行角色扮演、事件模拟等参与式研修，积极主动地解决复杂教学问题、做出决策、反思行动，并与教学系统的其他参与者合作，令研修活动具有更强的真实性、灵活性和可持续性。

2. 研训成本低，可常态化实施

在教育元宇宙支持下搭建得更加逼真、智能的教师培训环境，具有开放、可持续和可访问等特性，能减少研修场景建设的时间和成本，可供受训教师自主选择培训时间、研修环境、教学场景等，使得教学研训成为常态化活动。

3. 研训更贴近真实课堂

教育元宇宙支持下的研训活动可模拟各种真实的教学事件，如教学活动准备、师生问答、学生课堂违纪、设备故障等，还可由系统模拟学生的虚拟化身，使研训贴近真实课堂教学。教育元宇宙支持的教学研训能突破传统教研难组织、参与度低、偏离真实课堂等问题，有效降低研训成本。受训教师能随时随地加入研训场景或任务，在逼真的研修情境中直面教学过程中的真实问题，真正使教学研训成为常态化教学活动，促进教师专业发展。

●场景再美好，也要先落地

元宇宙在教育中的美好场景需要有切实可行的实施计划和技术支持，才能真正落地。

以下是未来一些场景的具体落地方法的构想及实践。

1. 虚拟实验室和实践探索

落地方法：学校或教育机构可以建立虚拟实验室，让学生在元宇宙中进行科学实验和探索。通过虚拟现实设备，学生可以模拟化学实验、物理实验等，进行安全的实践探索，加深对科学原理的理解。

2. 沉浸式历史体验和场景重现

落地方法：教师可以利用元宇宙为学生创造沉浸式的历史体验。通过虚拟现实场景，学生可以亲身感受历史事件、重现古代文明场景，以更生动的方式了解历史知识，激发学习兴趣。

3. 艺术和创意空间

落地方法：利用元宇宙创造一个艺术和创意空间，激发学生的想象力和创造力。通过虚拟现实，学生可以进行艺术创作、设计、音乐创作等，培养创意思维和艺术技能。

4. 多维度教学内容和个性化学习

落地方法：借助元宇宙，教师可以设计多维度的教学内容，让学生以个性化的方式进行学习。通过虚拟互动课程和定制化内容，满足不同学生的学习需求，提供更具体化和引人入胜的学习体验。

上述这些场景可以通过元宇宙平台和虚拟现实技术，在教育机构、学校或在线教育平台中进行落地实践。通过这些具体的应用场景，学生能够体验更丰富和个性化的学习方式，为教育带来更广阔的可能性。

元宇宙VR/XR课堂，让学习更简单

我们了解到，元宇宙是一个数字化的虚拟空间，结合了虚拟现实、增强现实和其他前沿技术。它提供了一个多维度、交互性和沉浸式的体验。在教育中，元宇宙课堂为学生提供了更多视觉、听觉和互动体验，以便更好地理解和吸收知识。

而元宇宙VR/XR课堂则是指借助虚拟现实（VR）和增强现实（XR）技术，在一个数字化的高维度空间中进行教学和学习。这个课堂环境通过融合虚拟现实技术和学习场景，创造出一个仿真的学习空间，使学生可以沉浸在其中，仿佛置身于现实世界中的各种场景和体验之中。

通过VR技术，学生可以戴上头戴式显示设备，沉浸在一个完全虚拟的环

境中。而增强现实技术则将虚拟元素叠加在现实环境中，让学生能够与现实世界进行互动。这两种技术的结合，为学生创造了一个结合真实与虚拟的学习环境。

简单来说，元宇宙VR/XR课堂的特点是多样性和交互性。学生能够在这个环境中进行互动式学习，参与模拟实验、观察科学现象、探索历史场景，甚至可进行实践性的学习。这种学习方式使学生更深入地理解学科知识，激发了他们的学习兴趣，为教育带来了更为生动和多样化的学习体验，通过虚拟现实和增强现实技术，让学习变得更加简单、直观和有趣。

● 元宇宙打造VR/XR教育新模式

艾瑞咨询《2023年中小学教育信息化行业研究报告》数据显示，2021年，我国中小学教育信息化经费投入达1 634亿元，2022年经费投入达到1 776亿元，2024年将超过2 000亿元，这标志着教育数字化转型全面提速，教育开始迈向技术与应用场景深度融合创新的智能时代。此外，随着《"十四五"数字经济发展规划》出台和教育数字化战略部署，5G、大数据、人工智能、云计算、虚拟现实等技术正在推动教育新基建的发展。

在教育元宇宙领域，国外已经有一些先锋性的案例。其中，一个引人注目的是名为"EduVerse"的项目，该项目由一家位于美国加州的创新教育机构所引领。

EduVerse是一个基于虚拟现实（VR）和增强现实（AR）技术的教育元宇宙平台，旨在为学生创造一个沉浸式、交互式的学习环境。在这个虚拟世界中，学生可以选择自己的角色，与其他学生互动，并参加各种教育活动。

该平台结合了VR和AR技术的优势，使学生能够身临其境地探索不同的学科领域。比如，在历史课上，学生可以通过VR设备穿越时空，参观古代文明的城市和建筑，与历史人物进行互动。在科学课上，学生可以利用AR技术观察微观世界，进行虚拟实验，甚至探索外太空。

EduVerse还提供了丰富的教育资源和工具，使学生能够在虚拟环境中进行自主学习和合作学习。学生可以通过平台上的图书馆、博物馆和实验室等空间，获取各种学习资料和参考书籍。同时，该平台还支持在线讨论、项目协作和社交互动等功能，鼓励学生之间的合作与分享。

除了提供创新的学习方式外，EduVerse还积极与教育机构和教育工作者合作，共同开发教育内容和应用场景。它们与专业教师合作，设计符合课程标准的虚拟学习体验，确保学生在虚拟环境中的学习与现实教育目标相一致。

这个国外案例展示了教育元宇宙的潜力和前景。通过结合虚拟现实和增强现实技术，EduVerse为学生创造了一个全新的学习环境，激发了他们的学习兴趣和创造力。然而，教育元宇宙的发展仍然面临一些挑战，如技术成熟度、教育资源开发和管理等方面的问题。然而，随着技术的不断进步和应用的深入探索，相信教育元宇宙将会为未来的教育带来更加深远的影响和变革。

回过头看，从最早的黑板到新媒体教室，再到元宇宙VR/XR课堂，每一种形式都有它能解决的问题，同时也在记录着时代的变迁。

VR/XR技术的出现改变了平面世界，构建了三维场景，并被赋予期待，而VR/XR技术和教育的结合更是让信息变得丰富、有趣起来。

1. 提供接近实景的教育体验

比如，VR/XR技术可以将课本上抽象或微观的学科原理及实验现象用VR/XR更为直观地进行教学，在接近实景的环境下带来教育体验。而VR/XR的沉浸感、临场感和趣味性，可以将枯燥乏味的知识以生动有趣的方式呈现，提高学生学习的积极性。

2. 提供在线教育解决方案

VR/XR作为教育教学的一种新的手段，还可以提供在线教育解决方案。该方案包括元宇宙VR/XR课堂管理平台系统、半沉浸桌面式VR/XR交互装备、元宇宙在线虚拟直播以及特色微课、课程录制等。

据悉，元宇宙管理平台系统主要面向课堂管理。在线教育，支持在线签到、课堂任务分发及评估考核、教师实时监控学生桌面、学习成果在线展示、VR/XR模型直播推流等，能够全方位、精细化、数据化并且有趣味性地实现在线管理。

3. 让元宇宙XR虚拟媒体中心变得更加"身临其境"

随着科技的进步，虚拟演播室的形式已经在众多节目中被广泛使用。各种逼真的场景被实时投放到演播环境中，新颖的形式及丰富的内容提升了演播环节的效果。全球顶尖虚拟演播技术已经进入XR虚拟+巨幕LED的时代。

在传统绿幕拍摄环境下，常常需要花费大量的时间进行精细的抠像处理，同时修补颜色溢出的问题，而XR虚拟则完全不需要抠像，现场直接合成画面。

此外，传统的绿幕拍摄下，虚拟影像机的镜头校正时间往往要花费大量的时间，而XR摄影机上的虚拟摄影机跟踪系统的校正大大缩短了时间，这大大减少了教学现场的中断和准备时间，并允许短时间内跨多个场景和会话情景进行拍摄。同时，虚拟环境可以在现场导演的要求下随时变化虚拟场景内容，拍摄活动更加灵活。

在当前阶段，元宇宙概念下的VR/XR应用在国内的发展空间虽然广阔，但软硬件体验和应用仍存在诸多不足之处。虽然技术不断进步，但在沉浸感、体验交互等方面仍有改进的空间。然而，这些问题并不是不可逾越的障碍，而是行业发展过程中的一种自然阶段。

随着元宇宙VR/XR概念的普及和市场的认可，更多的人才进入这一领域。这些人才包括软件开发人员、设计师、用户体验专家等，他们致力于改进技术，提高硬件设备的品质，并优化用户体验。这将导致更多创新性的解决方案和新技术的涌现，使得元宇宙VR/XR技术得以更好地融入教育和其他领域。

除了技术改进外，行业也需要更多创新和尝试。这可能包括与教育机构合作，探索更多针对学生需求的教学模式，或者与企业合作，开发更多针对实际需求的应用场景。

行业向纵深发展将为元宇宙VR/XR技术提供更多的机遇和发展空间。这将不仅仅局限于硬件和软件的改进，还会进一步推动教育、医疗、工业等领域的创新，为更多领域带来新的变革和发展机遇。元宇宙VR/XR技术的兴起必将引领一场全新的数字革命，从而为教育和其他领域带来更广泛、更深远的影响。

元宇宙不是教育的"万能药"

元宇宙作为一个数字化、多维度的虚拟空间，正在成为教育领域的新宠。然而，教育是个"慢领域"，元宇宙不是教育的"万能药"。尽管它具有巨大的潜力，我们在探索和应用元宇宙于教育的过程中，仍需审慎对待，避免过度乐观和简化，因为它仍然存在一些挑战和局限，更不要指望有某个技术能突然地变革它，而是可以把元宇宙看作教育信息化的高级阶段。

长期来看，元宇宙属于颠覆性技术，但短期来看，它的发展还有许多不确定因素。我们不仅要重视元宇宙在教育教学中的应用，更要把教育元宇宙融入教育信息化的长远规划和顶层设计中，以教育新基建推动教育元宇宙发展，将教育元宇宙纳入教育数字化战略行动方案，加快推进教育专网建设，推动5G、VR/AR、人工智能、区块链等技术在教育领域广泛落地应用，建构智能学习交互等教育新场景。只有推动教育基建，我们的元宇宙才可能真正"搭"起来。否则，如果连网络都很卡顿，学生还有什么兴趣？

此外，元宇宙在教育领域的落地也离不开我国有关部门加强教育元宇宙相关技术标准的制定。首先要明确元宇宙的技术架构和规则，在此基础上，根据教育领域的实际需求，结合各学科课程内容、课程标准和相关研究，发现教育的一般规律和特殊规律，并进一步总结迭代，形成适用于教育领域的元宇宙技术标准和伦理规则。

值得一提的是，元宇宙在基础教育领域的应用还需慎重。此前，我了解到一所院校考虑进行课件的3D转换，比如把课堂上立体几何的内容通过3D的方式直接呈现给同学们。但是研究数学的老师给出了不同的观点——他们担心这样会限制学生的空间想象力。当给学生提供沉浸式学习环境时，他们的注意力究竟是比以前更集中，还是更分散？这都需要进一步研究。

在不久前，一个名为"Meta School"的教育机构决定尝试在教育领域引入元宇宙的概念。这所学校相信元宇宙可以为学习提供更丰富、更沉浸的体验，并以此为出发点，为学生提供全新的学习方式。

Meta School购买了大量的虚拟现实设备和软件，并开发出一套基于元宇宙的课程。学生们可以通过虚拟现实技术，身临其境地探索各种学科内容。例如，在历史课上，学生可以穿越时空进入古代文明的城市，与历史人物互动；在科学课上，学生可以在虚拟实验室中进行实验，观察微观世界。

然而，在实践过程中，Meta School遇到了一些问题。虽然元宇宙可以提供生动、沉浸式的学习体验，但并不是所有的学生都能适应这种新的学习方式。有些学生出现了头晕、眼睛疲劳等问题，甚至有些人出现了对虚拟世界的依赖综合征。

此外，Meta School也发现，元宇宙并不能完全替代传统的教育方式。虽然元宇宙可以提供高度互动和沉浸式的学习体验，但它并不能满足所有类型的学习需求。例如，一些学生更喜欢传统的课堂教学方式，而元宇宙中的虚拟体验并不能完全替代这种教学方式。

这个案例故事表明，虽然元宇宙在教育领域具有巨大的潜力，但它并不是"万能药"。教育机构需要理性看待元宇宙的作用，并将其作为辅助工具来提高学生的学习效果和体验，而不是完全替代传统教育。同时，教育机构也需要继续探索和尝试新的教育模式和方法，以满足不同类型的学习需求。

可以肯定的是，在未来，元宇宙在教育领域的应用，最终仍要落脚到学习上。只不过，现在来看，其应用在教育领域中，还面临着一系列挑战和限制。

●元宇宙在教育领域中面临的挑战与限制

1. 元宇宙的建设和维护成本巨大

构建一个完整、高质量的元宇宙教育平台需要大量资金投入,包括硬件设备、软件开发、内容制作、维护和更新等方面的支出。因此,元宇宙建设和维护的巨大成本是其普及的障碍。例如,一个完整的虚拟现实系统的构建可能需要数百万甚至数千万美元。这对于许多学校、教育机构甚至一些国家的教育系统来说,是一个巨大的财政负担。

某个教育机构投入数百万元在元宇宙教育项目上,包括设备购买、软件开发和教学内容制作。然而,这个项目的投入远远超出了预算,导致教育机构资金短缺,最终影响了项目的发展和执行。

2. 技术和内容的不足也是一个挑战

元宇宙技术的成熟度和内容的丰富度目前还不够。技术方面虽然在不断改进,但仍存在体验上的问题,例如延迟、画质、互动性等。在内容方面,高质量、丰富的教育内容也是不可或缺的,但目前在元宇宙中的教育内容相对有限。

某个学校尝试引入虚拟现实教学,但发现系统操作不稳定,导致学生体验差。同时,可供使用的高质量教育内容有限,难以满足多样化的教学需求。

3. 教育本身是一个复杂的系统

这个系统包括了师生关系、课程设计、教学方法等多个方面。元宇宙作为一种技术工具,可能无法解决教育中的所有问题。教学方法、师生互动、课程设置等传统教育的要素仍然需要教育者深入探讨和改进。

某个学校引入了虚拟现实教学,但发现学生的学习成效并没有显著提高。教学方法、师生互动等传统教育元素并未得到充分考虑,造成了教学效果的局限。

这些挑战和限制凸显了元宇宙在教育中应用的种种难题,需要不断努力和改进才能实现其全面应用和发展。

对于元宇宙与教育的结合，我在走访期间听到很多人持怀疑的声音——这究竟是传统教育模式的翻版，还是教育领域的最新变革？

对于某些观点而言，将元宇宙引入教育领域只是"旧瓶装新酒"。这意味着无论采用怎样的新技术，教学方式和教育目标本质上并未发生根本变化，只是以虚拟现实或增强现实等新技术替代了传统的黑板和书本，而并未带来实质性的改变。这种观点认为元宇宙只是教育中的一种表面变化，而非实质性的创新。

然而，另一些观点则认为，元宇宙与教育的融合代表了最新的教育变革。他们看到元宇宙技术的潜力，认为其能够提供更为沉浸式、个性化和创新性的学习体验。这种新技术能够打破传统课堂的边界，促进跨学科学习、实践探索和全球教育的普及。这种观点认为，元宇宙的融入使得教育更加贴近学生的需求和未来社会的发展。

元宇宙与教育的结合究竟是"旧瓶装新酒"还是最新的教育变革，或许需要更多的时间和实践来证明。随着技术的进步、教学方法的创新以及教育理念的调整，我们或许能更清晰地评价这一结合对教育所带来的真正影响：我们借助人工智能的力量改变传统教学模式，绝不是为了应用技术而去应用一种技术，而是真正让那些先进的技术促进学生的成长和进步！

第 9 章
Chapter 9

机器人+教育：
重塑学生的思维模式与
学习方式

机器人助力教育：新时代的教学伙伴

在了解什么是机器人+教育之前，我们有必要先明确一下机器人的定义。

机器人是一种包括模拟人类行为或思维，以及模拟其他生物行为的机械设备（如机器狗、机器猫等）。在当代工业中，机器人通常指能自动执行任务的人造机器设备，旨在替代或协助人类工作。通常由机电装置、计算机程序或电子电路控制等组成，包括执行机构、驱动装置、检测装置、控制系统以及复杂的机械部分。

在更狭义的定义中，联合国标准化组织采用了美国机器人协会的定义，描述机器人为一种可编程的、具有多功能操作能力的机械系统。这种机器人可通过电脑进行改变和编程，使其执行不同的任务。

机器人可简要概括为"感知、决策、执行"这六个字。这涉及机器人在工作中所具备的基本特质。

> 感知：这一部分涉及各种传感器，如听觉、视觉、距离感知等传感器。
>
> 决策：这是广义人工智能的一部分，包括类似人脑的分析、算法和控制。
>
> 执行：此部分涉及硬件层面，包括机器人的物理形态、机械结构以及如何进行动作执行，例如机械臂抓取物体等。

机器人的显著特点之一是涉及多种学科的技术。它本质上是一个交叉学科，需要涉猎各种领域知识。涉及的产业领域非常广泛，包括机械设计、工艺加工、传感器技术、计算机科学、人工智能、无人驾驶等。所有这些领域都可以视为机器人技术的一部分。

那么，什么是机器人教育呢？

● 儿童机器人教育与成人机器人教育

具体来说，我们可以分为两个部分来理解。

1. 儿童机器人教育

儿童机器人教育，对于未曾接触和了解的人来说，可能有些陌生。

儿童机器人教育指的是通过机器人的搭建、编程、运行过程，激发学生的学习兴趣，培养他们的综合能力和良好的思维习惯。在这一过程中，学生不仅能掌握机器人的基本构造和搭建方法，还能通过对机器人的编程控制，体验编程的乐趣。因此，机器人教育真正做到了将教育融入乐趣之中。

在儿童机器人教育领域，国外目前也已经有许多成功的案例。其中，一个引人注目的例子是美国的机器人教育公司Sphero。

Sphero专注于为儿童和青少年提供机器人编程教育。它们的产品是一个智能球形机器人，称为Sphero。这个机器人可以通过手机或平板电脑进行编程和控制，适合儿童和初学者使用。

Sphero的编程软件易于学习和使用，孩子们可以通过拖放方式编程，控制机器人的运动和灯光效果。此外，Sphero还提供了各种教育应用和挑战，帮助孩子们在游戏中学习编程和解决问题的能力。

Sphero的儿童机器人教育方案不仅提供了有趣的学习体验，还注重培养孩子们的逻辑思维、创造力和团队合作能力。该方案包括一系列课程和活动，从基础编程到高级算法，帮助孩子们逐步提高他们的编程技能。

此外，Sphero还与其他教育机构和学校合作，提供机器人编程课程和教育培训。它们还开发了一些教育应用程序，例如Scratch Programming，帮助孩子们学习编程和计算机科学的基本概念。

这个国外案例展示了儿童机器人教育的潜力和成功实践。通过将机器人编程教育与有趣的学习体验相结合，Sphero为孩子们提供了一种新颖、有趣且富有创造力的学习方式。同时，Sphero的成功也表明了儿童机器人教育在培养孩子们的编程技能、创造力和解决问题的能力方面的巨大潜力。

机器人教育本质上是教育的一种形式，而机器人只是为实现教育目标而使用的工具。关键在于充分利用这些工具，发掘出其中的教育潜能，让学生在机器人课程中真正学习到有用的知识。机器人教育可以培养学生各个方面的能力，包括问题定义和解决能力、信息收集和应用能力、动手操作能力、团队协作能力、表达能力、批判性思维以及培养好奇心和想象力等。这些能力将是未来竞争中不可或缺的。

儿童机器人教育通常涉及四个主要阶段：导入、建构、编程、控制。一般培训机构的机器人课程都是基于这四个阶段来设计的，具体如9-1所示：

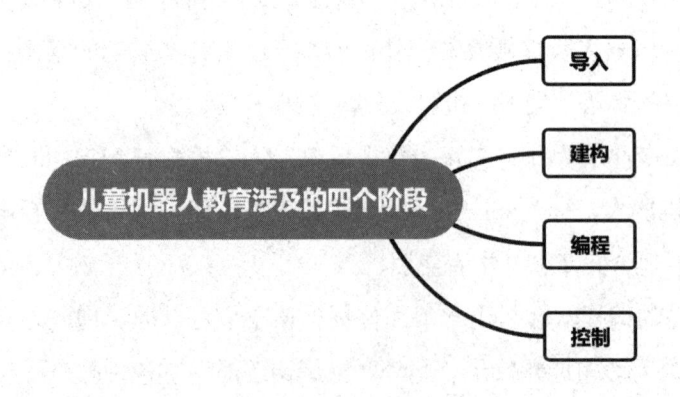

图9-1 儿童机器人教育涉及的四个阶段

（1）导入

导入阶段通过主题探索式的方法激发学生们的学习兴趣，探讨背景知识点等内容。

（2）建构

建构阶段利用元件堆叠的方法，涉及一些物理学原理、空间结构、机械传动、电与磁等工程应用相关的内容，尤其着重于动力机械知识。

（3）编程

编程阶段大部分采用图形化编程，这有助于锻炼学生们的逻辑思维能力。

（4）控制

控制（调试）阶段涉及智能操控，包括执行机构、驱动装置、检测装置和控制系统等，通过任务主题让机器人能够完成特定任务。

此外，许多课程还包含竞赛环节。通过实战对抗，学生们按照竞赛设计情境搭建机器人，并对机器人进行任务编程，从而学习如何解决实际问题，提高他们的综合能力。这些比赛和实践活动帮助学生们将所学的知识与实际应用相结合，加深对机器人教育的理解和掌握。

2. 成人机器人教育

成人机器人教育主要体现在教学环节，将机器人学视为一门科学，采用专门的课程方式在各级各类教育中传授机器人学的基本知识和技能，旨在让所有学生都能普遍掌握这一领域的基础概念和技能。

机器人主要分为服务机器人和工业机器人两大类。服务机器人根据用途又可以分为专业服务机器人和家用服务机器人。

（1）服务机器人

服务机器人应用范围广泛，主要从事维护保养、修理、运输、清洗、保安、救援、监护等工作。根据国际机器人联合会的定义，服务机器人是一种半自主或全自主工作的机器人，能够执行有益于人类健康的服务工作，但不包括从事生产的设备。此外，服务机器人还包括一些贴近人们生活的机器人。

常见的服务机器人类型包括以下几种，具体如图9-2所示：

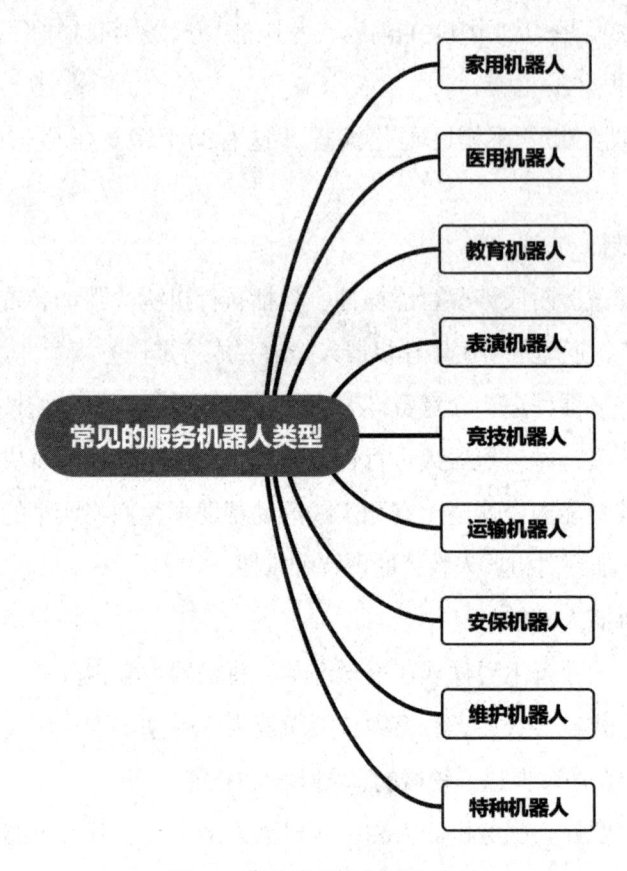

常见的服务机器人类型
- 家用机器人
- 医用机器人
- 教育机器人
- 表演机器人
- 竞技机器人
- 运输机器人
- 安保机器人
- 维护机器人
- 特种机器人

图9-2 常见的服务机器人类型

其中，让我们着重关注教育机器人，它以人工智能作为展示方式，旨在激发学生的学习兴趣，培养他们的综合能力。教育机器人可以是成品、套件或零部件，其目标在于有效提升学生的信息技术能力和数字时代的竞争力。广义上，教育机器人包括幼儿编程机器人、积木拼装机器人、金属拼装机器人以及仿人形成品机器人等。狭义上的教育机器人则指的是仿人形机器人。这些教育机器人具备教学适用性、可拓展性、友好性和趣味性等四大特征，非常适合于课堂教学的使用。

在成人机器人教育领域，一个值得关注的案例是优必选（UBTECH）机器人教育项目。优必选是一家全球知名的智能机器人企业，它们不仅研发了多款功能强大的机器人，还致力于推广机器人教育，并为成人提供相关的培训。

优必选的成人机器人教育项目主要面向对机器人技术感兴趣的成人学员，包括大学生、工程师、教育工作者等。该项目提供了一系列综合性的课程，涵盖了机器人硬件设计、软件开发、人工智能原理等多个方面。

在这个项目中，学员们有机会亲身参与机器人的设计和制造过程。他们可以使用优必选提供的开发工具套件和教学资源，亲手打造属于自己的机器人，并通过编程实现各种功能。这种实践性的学习方式使学员们能够深入了解机器人的工作原理和应用领域，并提升他们的技术实践能力。

除了实践性的学习体验外，优必选还为学员们提供了丰富的在线资源和社区支持。学员们可以通过在线平台获取课程资料、教学视频和参考文档，还可以参与在线讨论和与其他学员进行互动。这种社区化的学习方式有助于学员们互相学习、分享经验，并扩展自己的人脉网络。

通过参与优必选的成人机器人教育项目，学员们不仅能够掌握机器人技术的核心知识和技能，还可以将所学应用于实际工作和项目中。这种将理论与实践相结合的教育模式，为成人学员提供了一个全面而深入的机器人学习体验。

可见，成人机器人教育在培养学员的技术实践能力、创新思维和解决问题能力方面发挥了重要的作用。随着机器人技术的不断发展，相信成人机器人教育将在未来继续发挥重要作用，为更多对机器人技术感兴趣的成人学员提供学习和成长的机会。

（2）工业机器人及其他特殊类机器人

工业机器人指的是一种光机电一体化的生产设备，由操作机（机械本体）、控制器、伺服驱动系统和传感装置构成。它能够进行仿人操作、自动控制，可重复编程，能够在三维空间完成各种作业，特别适合于多品种、变批量的弹性制造系统。

工业机器人可以直接接受人类指令，也能够执行预先编排的程序，并根据人工智能技术的原则纲领行动。例如，焊接机器人是工业机器人中最常见的类型，广泛应用于汽车制造机械流水线上，用于大规模制造汽车车身和其他需要焊接工艺的部件的焊接。另外，涂装机器人也是工业机器人中常见的类型，通常用于为汽车车身涂上烤漆。

除此之外，还存在一些特殊类型的机器人，如人类体机器人（半机器人）：一些人类会通过手术或将自己的意识输入至计算机等方式改造成机器人，用于维护治安、军事战斗等领域。

由于上述类型的机器人在教育领域的应用尚不广泛，在此我们不再详细展开来说明。

●机器人教育与人工智能教育

接下来，让我们横向对比一下"机器人教育"与其他两个易混淆的概念——"教育机器人"和"人工智能教育"。

1. 机器人教育VS教育机器人

（1）机器人教育

机器人教育是一种教育模式，旨在通过设计、组装、编程、运行机器人，激发学生的学习兴趣，培养其综合能力。它融合了机械原理、电子传感器、计算机软硬件及人工智能等先进技术，为学生的能力和素质培养提供新的机遇。机器人技术涉及多个学科领域，融合多种先进技术。引入机器人教育课程能为中小学的信息技术课程注入新的活力，成为培养学生综合能力和信息素养的优秀平台。

（2）教育机器人

教育机器人是一种教学工具，以人工智能为展示方式，旨在激发学生的学习兴趣，培养其综合能力。它能有效提升学生的信息技术能力和数字时代的竞争力，具有较大的教育潜力和发展前景。

2. 机器人教育VS人工智能教育

（1）机器人教育

可能涉及编程机器人、可编程积木以及机械设计类课程。这些课程在体系和内容设置上有较大差异。以某机器人教育企业的课程设置为例进行对比分析。

机器人教育课程侧重于机械结构、工程设计等方面的培养，编程学习为服务于硬件本身，以执行特定任务为主。要求学生具备较强的动手搭建能力、空间立体感和创造力。尤其机器人教育竞赛项目多，有助于提升孩子们的团队合作、临场应变、勇敢坚毅等综合能力。

（2）人工智能教育

需要涉及大数据、物联网、智能设备的自主制造，知识范围更广，整合了多学科的知识。人工智能教育课程侧重于编程控制、算法思维等方面的培养，硬件作为编程学习的辅助工具，其主要作用是加强孩子的学习兴趣。高阶阶段的学习内容更注重算法和人工智能前沿应用，如自动导航、语音识别、视觉识别、机器学习、数据分析等，与现实中的技术应用更为紧密，编程学习的难度也更大。

如今，机器人已经逐渐渗透到我们生活的各个领域。而在教育领域，机器人的引入不仅仅是一种新潮的技术，也不再是冰冷的机械设备，而是教学中的全新元素，更是一个全新的教学方法和资源，它们正在成为教育领域的新伙伴。同时，机器人在教育中的角色也在不断演变，从简单的辅助工具，逐渐走向了更为智能化、个性化和互动式的教学方式。这种变化不仅为教学带来了新的面貌，也为学习者带来了更多的可能性和创新。

教育机器人的"角色扮演"

说到机器人在教育中的"角色扮演"，它就像是一个成熟的演员或是全能艺人，通过不同角色的转换在不同的场景中发挥出重要作用。

在美国某学校一个名为"Robot Role Play"的教育项目中，机器人被赋予了教师的角色。这个项目旨在利用机器人技术来提高学生的学习效果和参与度。

在这个项目中,一款名为"Robo Teacher"的智能机器人被引入了小学课堂。Robo Teacher具备语音识别、面部识别和自然语言处理等先进技术,可以与学生们进行互动,并根据学生的需求提供个性化的教学。

Robo Teacher的角色可以根据不同的学科和课程需求进行转换。在语文课上,它扮演着一个朗读者和语法导师的角色。Robo Teacher可以为学生朗读课文,纠正发音和语调,并提供语法和写作方面的指导。在数学课上,它则变成了一个数学辅导员,能够解释数学概念、演示解题方法,并根据学生的水平提供适当的挑战。

除了学科教学,Robo Teacher还在课堂活动中扮演了重要的角色。它可以主持小组讨论、组织角色扮演游戏,甚至与学生一起进行科学实验。Robo Teacher通过互动和合作的方式,激发了学生的学习兴趣和创造力,帮助他们更好地理解和应用所学知识。

这个项目取得了显著的成功。学生们对Robo Teacher的角色扮演和互动方式表现出极大的兴趣和参与度。他们不仅在课堂上更加积极主动,还在学业成绩上有了明显的提升。教师们也发现,引入Robo Teacher后,他们能够更好地满足学生的学习需求,提供个性化的教学体验。

由此可见,通过赋予机器人不同的角色和功能,我们可以创造丰富的学习环境和活动,激发学生的学习兴趣和创造力,提高他们的学习效果和参与度。

●机器人的"角色扮演"

机器人的"角色扮演"有如下四种,具体如图9-3所示:

```
                          ┌─ "响应式"机器人
                          │
                          ├─ "有限记忆"机器人
   机器人的"角色扮演" ──┤
                          ├─ "心智理论"机器人
                          │
                          └─ "自我意识"机器人
```

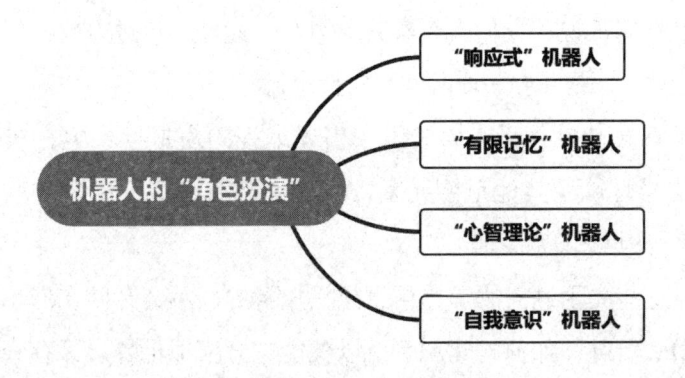

图9-3 机器人的"角色扮演"

1. "响应式"机器人

大多数基本型的AI系统属于响应式机器，这类机器缺乏记忆和借鉴过去经验的能力，仅基于当前情况做决策。

例如，IBM的超级电脑"深蓝"在20世纪90年代末击败国际象棋大师卡斯帕罗夫，是响应式机器的一个典型代表。它能识别棋盘上的棋子，预测下一步走法，但缺乏对过去棋局的概念和记忆。"深蓝"主要关注当前棋盘状态，每一步都是独立的决策，几乎不考虑过去的走法。

这类AI涉及计算机直接感知世界，操作所见范围，不依赖世界的内部概念。在AI研究领域中，专家罗德尼·布鲁克斯主张仅制造这种机器。其主要理由在于人们不擅长精确模拟世界，而这类机器的设计并未扩大计算机考虑的可能步骤的范围，而是发现了限制其视野的方法，避免追求某些潜在未来步骤，取决于其对结果的评价。这些机器无法评估未来所有潜在步骤，如IBM的"深蓝"击败了卡斯帕罗夫，谷歌的AlphaGo击败了围棋大师，虽然它们表现出更复杂的分析方式，但这些AI系统不能轻易改变或应用到其他情况，无法超越特定任务的功能限制，也不能以互动方式参与世界。尽管对确保AI系统的可信性有利，但这意味着这些最简单的AI系统永远不会表现出无聊、兴趣或悲伤等情感。

2. "有限记忆"机器人

这类机器人能够短暂回顾过去的经验，就如现阶段的无人驾驶汽车所具备的能力。举例来说，它们会观察其他汽车的速度和行进方向，但并不立即完成这个行动，而是需要一段时间监督特定目标。

这些观察会被融入无人驾驶汽车事先编程的模拟世界中，包括车道标记、交通信号灯以及其他重要元素，例如公路曲线。这还涉及汽车何时变道，以避免与周围车辆相撞。

然而，这些关于过去的简单信息只是短暂的，不会存储在汽车已经了解的经验库中。所以，如何构建AI系统以便能充分模拟世界、保存经验并学习应对新情况，是一个挑战。布鲁克斯认为这是困难的，他的研究方法从达尔文的进化论中汲取灵感，即通过机器自身构建模拟世界以弥补人类的短板。

3. "心智理论"机器人

AI机器的进展形成了当前以及未来机器之间的一个重要鸿沟。未来的AI机器将更为先进，它们不仅能够建立自己的模拟世界，还能模拟世界上其他对象和实体。在现实世界中，这被称为"心智理论"，即理解世界上的人类和生物都拥有思想和情绪，并且这些思想和情绪会影响它们的行为。

对于人类在社会中相互交流来说，这是至关重要的。如果我们无法相互理解动机和意图，不去考虑其他人对自己或环境的了解，那么最理想的情况下协作将会变得非常困难，最糟糕的情况则是根本无法实现协作。

如果AI系统希望融入人类社会，它们必须能够理解每个人都有不同的想法和情感，并期待不同的待遇。因此，它们必须适当地调整自己的行为。

4. "自我意识"机器人

AI发展的最后阶段是构建能够建立代表自身的模拟世界的系统。最终，我们不仅需要理解意识本身，还要创造具有自我意识的机器。

在这个意义上，第四类机器人是第三类AI所代表的"心智理论"机器的延伸，同时也是意识称为"自我意识"的原因。

有自我意识的存在可以认识到自身，了解内部状态，能够推测他人的感受。例如，如果有人在后面不断地按喇叭，我们推断他们可能愤怒或不耐烦，因为我们在同样情况下也有相似的感受。如果没有心智理论，我们就无法进行这些推论。

在AI领域的不断探索和创新中,我们持续地走向了更加智能的未来。尽管我们已经取得了长足的进步,并构建了能够执行各种复杂任务的人工智能系统,但要想打造具有自我意识的机器人仍然是一项遥远的挑战。

随着技术的发展,我们努力让AI系统更好地理解、学习和适应环境,不断迈向赋予机器更多"人类特质"的目标。我们对于AI未来的追求将不仅仅是技术上的突破,更是对于人类智慧的深刻理解。

在前进的道路上,我们不断超越和重新定义AI的分类和能力,这将为我们创造更为智能、灵活和适应多变环境的AI系统奠定坚实基础。

未来的机器人可能会逐步实现人工智能领域中更高级别的认知,但要达到自我意识的境界,将需要更多的研究和创新。

人生没有白走的路,我们所走的每一步都是对于人工智能探索之旅的宝贵贡献,同时也为创造出更加强大、智慧的AI体系提供了宝贵经验。而AI技术的进步将继续在重塑我们未来生活和工作的道路上发挥关键作用。

未来之师:机器人+教育的发展前景

基于种种厉害的"角色扮演",当下,机器人技术在教育领域的应用正带来革命性的变革。

简单来说,在未来,机器人将成为重要的教育伙伴,与教师和学生共同构建智能教育生态系统。机器人将根据学生的学习需求和个性特点,提供定制化的学习资源和教学方案,辅助教师更好地完成教学任务,并帮助学生提高学习效果。

首先,机器人能够协助学生高效地完成学习任务。它们具备智能识别和解决问题的能力,能够为学生提供全面准确的解答，快速帮助学生掌握课程内容。此外，机器人能够实时评估学生的学习进度，提供个性化的指导，从而提高学习效果。

其次，机器人能够优化学习体验。

凭借其"智能"特质，机器人构建了富有趣味的"智能"教室，通过互动提升学生的学习兴趣，激发积极参与课堂活动。此外，机器人还能运用视频教学，生动有趣地呈现复杂的知识，使学生更易理解。

最后，机器人还能帮助教师更有效地管理课堂。

它们可以规划和安排课程，自动批改测试和作业，有助于提高教学效率，为教师节省时间和精力。

总的来说，将机器人技术应用于教育有助于学生更高效地学习，改善课堂学习体验，并提高教师的管理效率。基于机器人技术为教育带来无限新的可能性，机器人+教育也展现出日益重要的未来发展前景。

●机器人+教育未来发展前景广阔

具体来说，教育机器人将会朝着更加智能化、个性化、综合化的方向发展。

1. 教育机器人的智能化程度不断进步

随着人工智能技术的持续发展，教育机器人将更准确地理解学生的学习需求和问题，以提供更加个性化的学习体验和辅助。同时，这些机器人还将更智能地与学生互动，有助于学生更好地推动学习和理解。

2. 教育机器人的个性化程度不断提升

教育机器人将根据学生不同的学习需求和兴趣，提供更贴合个性化的学习体验和辅助。举例来说，根据学生的学习风格和偏好，这些机器人将提供相应的学习内容和方式，从而更好地促进学生的个性化学习和发展。

3. 教育机器人的综合化程度将持续提高

教育机器人将拓展覆盖更多的学习领域和场景，为学生提供更全面和综合的学习体验和辅助。举例来说，这些机器人将覆盖多个学科和领域，提供更加综合和全面的学习内容和方式，从而更好地促进学生的全面素养和发展。

教育机器人是未来教育领域的重要组成部分，其出现将催生教育的创新和发展。一份全球教育机器人发展报告显示，未来几年，中国的教育机器人市场规模将持续扩大。同时，随着人工智能、语音识别和仿生技术等领域的不断进步，教育机器人的功能和应用场景也将不断拓展。

未来，假设我们从教学内容的角度进行分类，围绕机器人+教育可能延伸出的专业领域有以下五种，具体如图9-4所示：

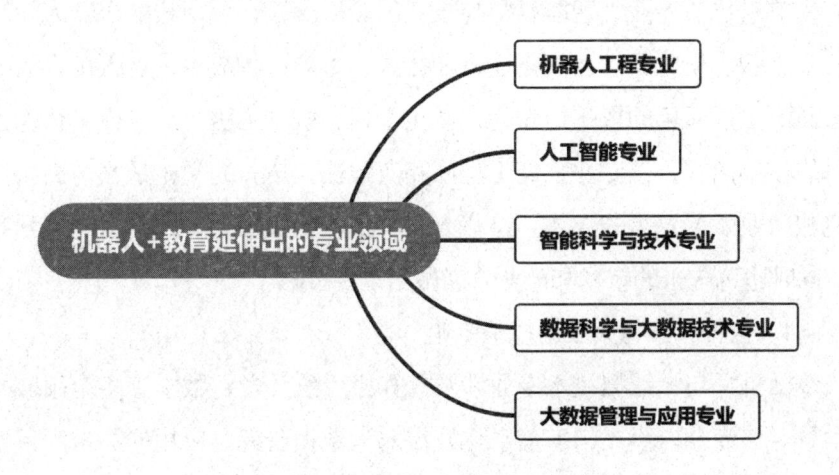

图9-4 机器人+教育延伸出的专业领域

（1）机器人工程专业

机器人工程专业涵盖工业机器人技术所需的知识和技能，要求具备较强的实践能力和创新精神。主要领域包括机器人工作站设计、装调与改造，以及机器人自动化生产线的设计、应用和运行管理等相关工作。该专业培养具备综合职业能力的高素质应用型专业人才。

（2）人工智能专业

人工智能专业涉及研究、开发模拟、延伸和拓展人类智能的理论、方法、技术和应用系统。作为计算机科学的一个分支，该领域旨在理解智能的本质，并创造出一种新型智能机器，能够以类似人类智能的方式做出反应。人工智能的研究范围广泛，包括机器人技术、语言识别、图像识别、自然语言处理和专家系统等方面。

(3)智能科学与技术专业

智能科学与技术专业是一门基础性的本科专业,致力于前沿高新技术的研究和应用。该专业广泛涵盖多个领域,包括机器人技术、基于新一代网络计算的智能系统、微机电系统(MEMS)以及与国民经济、工业生产和日常生活息息相关的各种智能技术和系统,以及新一代的人机系统技术等。近几十年的发展使得智能技术及其应用成为IT行业创新的重要增长点,其广泛的应用前景日益显著。智能科学与技术的领域广泛,包括智能机器人、智能化设备、智能化电器、智能化建筑和社区、智能化物流等,对人类生活的各个方面产生了深远的影响。作为自动化工程、机电工程、计算机工程等工程学科的核心内容,该专业强调工程性和实践性,培养的学生是当前高新技术研究和产业发展急需的人才。这些人才不仅能积极推动传统产业的提升和改造,同时也为未来的技术和产业发展做出重要贡献。

(4)数据科学与大数据技术专业

数据科学与大数据技术专业涉及计算机、统计学、数学等多个领域的交叉学科。该专业以满足国家信息化发展对大数据研究与应用的需求为目标,培养学生掌握计算机、统计学、数学等相关学科的基本理论和知识,具备大数据开发、分析和处理技术的基本理论与知识。这些专业人才不仅具备处理大数据复杂工程问题的能力,还拥有科学的人文素养、创新意识和出色的团队合作精神。

(5)大数据管理与应用专业

大数据管理与应用专业着眼于以"互联网+"和大数据时代,专注研究大数据分析理论、方法在经济管理领域的应用,以及大数据管理和治理方法。该专业涵盖多个专业方向,包括商务数据分析、商务智能、电子健康、大数据金融、数据挖掘、大数据管理与治理等。

在教育领域,教育机器人的不断进步和发展为学生提供了更个性化、更高效的学习体验,为教师创造了更多灵活、有效的教学工具。未来,这些机器人将继续扮演着教育创新和发展的重要角色，为学术界和教育者们开辟更为广阔的前景和机遇。它们的智能化、个性化和综合化特性将深刻地改变教育模式，为学生和教育工作者带来更大的便利和帮助。

颠覆认知的构想：当机器人越来越懂人性

你是否幻想过，也许你的男朋友、女朋友不懂你，但是有一天，机器人可以读懂你的心。当机器人逐渐具备了解人类情感的能力，这似乎让人联想到一种截然不同的情境。或许在人际关系中，有时我们难以彼此理解，但神奇的是，机器人却能够似懂非懂地洞悉我们。这种情况颠覆了我们过去所认知的人际交往方式。

●机器人教师：将"陪伴式学习"进行到底

随着现代社会生存与生活压力的增加，让父母每天督促甚至陪伴孩子学习似乎成了一个"奢侈的梦"。或许，在未来，机器人教师可以帮助我们陪伴学生更好地沉浸式学习。

机器人教师，顾名思义，我们可以理解为"教育陪伴机器人"，它是利用人工智能技术的一种教育工具，能够模拟人类教师的不同教学方法，为学生提供与人类老师相似的学习环境和体验。这类机器人主要用于启蒙教育，培养学生的语言、认知和逻辑思维等能力，同时也助力学生提升自学能力和创造性。

纽约某学校研发了一个名为"智慧学伴"的教育机器人。智慧学伴具备高度的人工智能和学习能力，能够通过与学生的互动和反馈，不断优化学习方案和教学资源。

通过与教师的合作和与学生的互动，智慧学伴为教育带来了更多的可能性。它不仅可以提高学生的学习效果，还可以辅助教师更好地完成教学任务，实现更智能化的教育管理。

随着技术的不断进步和教育需求的不断变化，相信机器人+教育的结合将带来更多的创新和发展。我们期待更多的教育机器人进入教育领域，与教师和学生共同构建一个更加智能化、个性化的教育生态系统。

1. "教育陪伴机器人"的功能

那么，"教育陪伴机器人"的功能是什么？具体如图9-5所示：

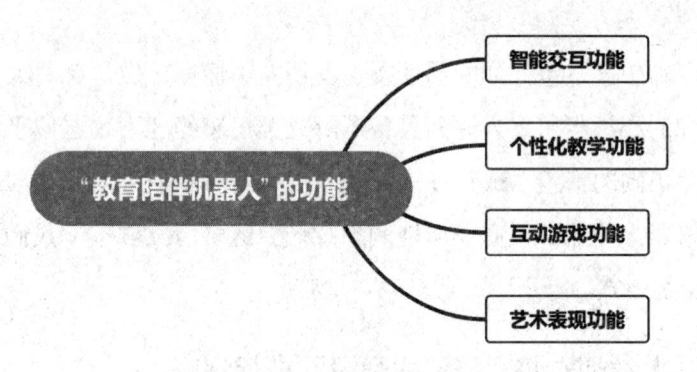

图9-5 "教育陪伴机器人"的功能

（1）智能交互功能

"教育陪伴机器人"通过语音、图像识别和自然语言处理等多种方式与学生进行交互，提高学生的表达和语言理解能力。

（2）个性化教学功能

"教育陪伴机器人"根据学生的学习能力和兴趣，定制不同的学习计划和课程，提高教学的针对性和个性化。

（3）互动游戏功能

"教育陪伴机器人"设计趣味游戏，提升学生的参与度和培养动手能力和创造性。

（4）艺术表现功能

"教育陪伴机器人"协助学生进行绘画、写作等艺术表现，让学生感受到学习的乐趣和成长。

2. "教育陪伴机器人"独有的优势

基于上述的这些功能,"教育陪伴机器人"有着独有的优势,具体如图9-6所示:

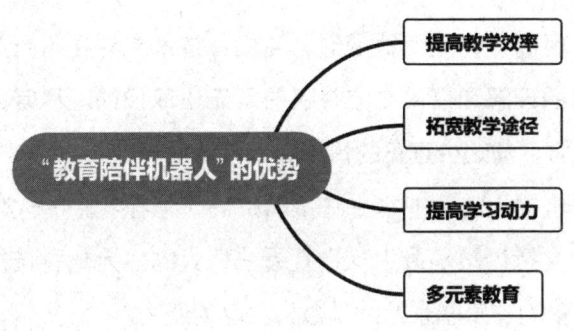

图9-6 "教育陪伴机器人"的优势

(1)提高教学效率

根据学生的学习和测试结果,机器人能及时反馈和纠正,从而降低教师的工作量,提高教学效率。

(2)拓宽教学途径

利用虚拟现实等技术提供更真实的应用场景和学习环境,丰富教学方式。

(3)提高学习动力

通过趣味游戏等方式激发学生的学习兴趣和动力。

(4)多元素教育

将艺术、文化等元素融入教学,加强学生的人文素养和综合素质。

3. "教育陪伴机器人"存在的问题

与此同时,"教育陪伴机器人"也存在着一定的问题:

·技术复杂采购和维护成本较高;

·数据安全:机器人的数据收集和存储需严格保护学生隐私;

·需要教师的指导:作为教学工具,还需教师指导和备课以保证教学质量。

科技的不断进步使"教育陪伴机器人"成为未来教育的新方向,既能提高教学效率和质量，又为学生带来更多的乐趣和认知。同时，我们还需要重视安全和隐私保护问题，合理使用机器人教育，让学生们更加快乐地学习成长。

然而，这种便利也在默默地提醒着我们：**技术或许在不断飞速发展，但人与人之间真挚的理解和情感交流是机器所无法取代的。尽管机器人可能具备模拟情感的能力，却缺少真正的情感和人性温暖。**

因此，尽管机器人的智能水平在不断提高，但在我们的人际关系中，理解、接纳和彼此支持仍然是最为珍贵且无法替代的。无论科技发展到何种程度，人类之间真挚的情感联系始终是最为深厚的纽带。

PART 3

未来学校：
以未来之眼重构高质量教育体系

　　教育是百年未有之大变局下重塑世界格局的关键变量。一方面，人才是国际竞争的核心而教育是人才培养的基本途径；另一方面，传统教育在未来人才培养上的严重落后迫切需要变革，而新技术又为这种变革提供了可能，所以探索未来教育近年来成为全球广泛关注的一个领域。

　　联合国教科文组织发布了《共同重新构想我们的未来：一种新的教育社会契约》的报告。该报告指出，未来学校，它需要体系化的建设，而高质量教育体系同样需要高质量的未来学校，两者是相互支撑的。

　　体系是基础，这意味着未来的高质量教育不是点状的、局部的高质量，不是某一个层次、某一个维度、某一个方面的高质量，它是一个体系化的高质量。它还意味着我们未来要打破、要改造旧体系，走向新的体系，才能迎来高质量教育。

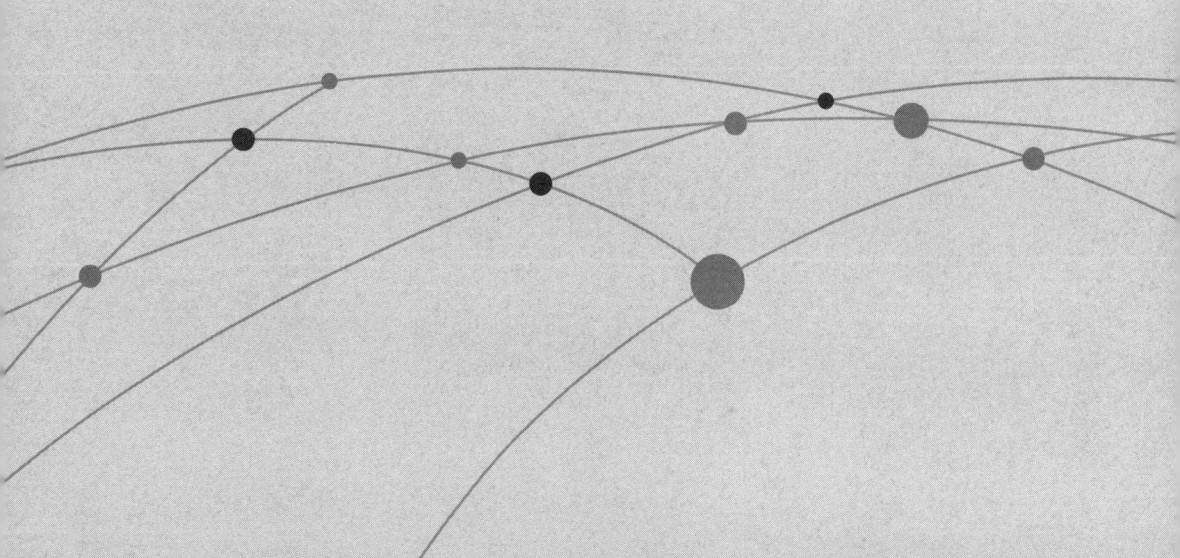

第 10 章
Chapter 10

未来学校高质量教育体系建设的不同范式

构建智慧教育新生态，推动中国教育数字化转型

教育作为一种培养人的社会活动，有其自身发展的规律，但也受到技术变革与社会需求变化等因素的影响。在当前新一轮科技革命与产业变革加速推进的大背景下，这种影响越来越明显，由此也带来了对教育未来发展的全球性关注。对我国来说，既面临着整个社会的数字化转型，同时也需要做好应对第五次工业革命的准备，所以比以往任何时候都需要对未来教育予以重视，具体如图10-1所示：

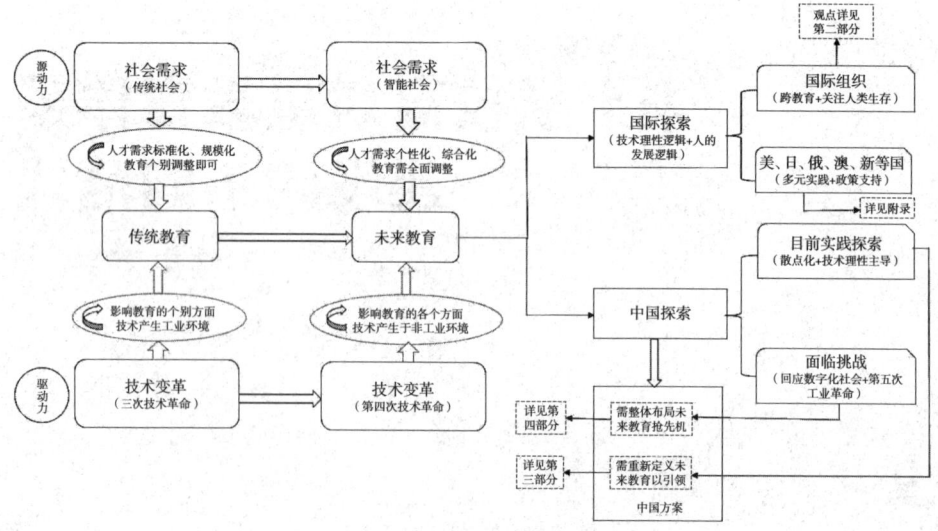

图10-1 未来教育变革机制与探索现状

教育里面最稀缺的资源是学生的时间，最难的是发掘学生的潜能，更困难的是给每个学生提供符合他个性、能够激发他潜能的学习成长的方法。

纵观现在的学校教学主要面临两个问题：一个是如何提高全校教务管理的效率和精细化，另一个是如何在规模化教育的基础上实现个性化培养。而在教学自动观察与反馈方面，人工智能技术具有无可比拟的优势。随着信息化不断发展，知识获取方式和传授方式发生了革命性变化，教育领域的数字化转型随之日渐加速。

● 从历史维度看未来学校的教育

对教育变革的研究，目前国际上普遍采取的是历史主义的视角，尤以依据四次工业革命来分析不同时期教育特征为主。然而，从教育整体形态来看，前三次工业革命时期的教育都可以划入传统教育范畴，第四次工业革命时期的教育可以作为非传统教育即未来教育的起点，因为它从各个方面都显示出了与传统教育不同的一些特征。

1. 教育发展时间轴

对于教育的发展，学界有六次教育革命和四次教育革命两种学说。前者从技术革新角度将人类信息传播技术的革命分为口语（约350万年前）、文字（约公元前3500—公元前3000年）、印刷术（约公元7世纪）、电子模拟信息技术（约19世纪末20世纪初）、多媒体网络交互技术（20世纪90年代）和智能信息技术（目前）六个革命历程，并据此将人类教育分为六次教育革命。

后者是一种更主流的划分方式，按四次工业革命变化将人类教育对应划分为教育1.0到教育4.0四个发展阶段。工业1.0以蒸汽机改良推进机械化生产为特征，对应的教育没有发生多大变化。工业2.0以电能的突破和应用实现劳动分工及批量生产为特征，为适应机器大生产的需求，该时期以班级授课为主要形式的标准化教育成为常态，教育的主要目的是为生产线培训大量符合标准的工人。工业3.0进入信息化和自动化时代，教育变革主要体现ICT技术在教育中得到广泛应用。工业4.0进入数字技术大爆炸时期，智能信息物理系统

（Cyber-Physical Systems）将会取代如今的自动化流水线生产，产业结构的变化对人才的数字技术能力和终身学习能力提出了更高的要求，教育将因这种需求而变革。

2. 传统教育与未来教育的区别

之所以在本书的最后，我们重新站在历史的视角下，审视传统教育与未来教育的区别，是因为只有当我们亲身经历了这趟旅程，才会有真切的感受和体悟，而不是开篇即说教总结。许多藏在深海中的奥秘，往往在我们不经意划过海平面的瞬间渐渐浮现。

人类社会经历的三次工业革命对应的教育1.0、2.0和3.0可纳入传统教育的范畴。有研究者认为，在世界范围内，大多数国家的教育发展都处于教育1.0阶段，只有少数迈向2.0阶段。

多年来，从教育1.0到教育3.0，教学的主要过程没有改变，学习方法也没有变化，只是在教育3.0出现了大规模在线开放课程。另外，在教育1.0和教育2.0阶段，为适应大规模机械化生产，这两阶段的教育以教师为中心，为工业社会培养生产线需要的标准化的合格劳动者。其中在教育1.0阶段完全以教师为中心，学生被动接受学习知识；在教育2.0阶段，虽然以学生为中心的提法出现，但在学校的实际教育中，仍然是以教师为中心，以教师的教学为主，该阶段仅仅是师生之间开始增加沟通和合作；教育3.0虽然将新技术引入教育场景，学习形式上增加了在线学习，但是并没有突破传统教育的框架，仍然以教师为中心，基本上采用统一的学制和课程标准。

教育4.0则是我们在本书序言中所提到的，对应的是第四次工业革命即工业4.0。而教育4.0概念是由德国率先提出，描绘了2030年的未来教育图景，即在数字技术的支持下，所有人都能享受到适合自己的教育，并且每个人都能获得一切想要获得的教育内容。与传统教育不同，在教育4.0阶段，人工智能扮演着重要角色，为适应工业4.0阶段的人才需求，学生真正处于教育生态系统的中心，从实践经验中学习成为必须。同时，创新和数字技术驱动学习走向个性化。

●未来学校教育的基本特征

作为引领未来教育方向的教育4.0，其特征尚未达成共识。国外主流思想认为教育4.0有九个趋势，包括泛在学习、个性化学习、混合学习、项目式学习、实践性学习、数据素养、个性化评价、学生在课程设计和升级中的作用、自主学习。

世界经济论坛提出教育4.0全球框架，包含八个关键特征：全球公民技能、创新创造技能、技术技能、人际关系技能、可及性和包容性学习、基于问题和协作的学习、个性化和自定进度的学习、终身学习和学生自驱动的学习，从而使年轻一代具备创建一个更具包容性、凝聚力和生产力的世界所需要的技能。

我在翻阅大量文献资料，综合比较研究的基础上，最终总结出未来教育或具有以下六个特征。

1. 育人目标凸显关键能力，兼顾个人、国家和国际需求

审慎对待个性化和技术理性，在强化工业革命4.0人才所需关键技能培养的同时，更应该将个人发展与国家和国际社会发展需求相结合。

一是培养未来社会的贡献者和创造者。未来教育与社会发展关系更加紧密，教育被视为解决社会问题，实现国际社会和谐、可持续发展，提升国家竞争力的重要手段。

二是培养以人为本的关键能力。随着互联网、大数据、云计算、物联网等新技术与工业生产深度结合，未来社会的数字化程度加剧，不仅要培养数字素养、创新能力、问题解决能力、计算思维能力和学习力等硬技能，而且也要培养全球公民素养、合作能力、沟通能力和跨文化交际等软技能。

2. 突破传统分科课程局限，增加跨学科和实践课程

一是突破传统分科课程局限，正视传统分科课程的优势和不足。分科课程虽有利于系统高效的文化传承和知识学习，但也存在脱离社会现实、与生活割裂、枯燥乏味等不足。

二是重视跨学科的综合课程。通过跨学科的项目式学习等，培养学生综合利用多学科知识解决社会现实问题的能力。

三是增加社会实践课程，应对数字主宰的世界，丰富学生的学习体验，建立知识与社会生活的联系，提高学生学习的兴趣，培养学生的沟通协作、创新创造和社会情感等技能，促进学生全面和谐发展。

3. 提供丰富学习体验，服务终身学习和发展

面向正规学校教育和非正式学习，为了学习者终身成长和发展，打破学制局限。根据学习内容需求和学习者学习风格，通过自主学习、协作学习、项目式学习、游戏化学习、体验式学习、沉浸式学习、具身学习等多种学习方式，为学习者提供个性自主、协作包容、弹性便捷的学习体验，让所有人在整个生命周期都能便捷地获取所需的学习资源，接受适合自己的个性化教育。

4. 开发利用技术平台，促进学生个性化发展

倡导个性化学习，学生可以选择如何学习。虽然学习结果根据课程预先设定，但是学生可以自由选择其偏好的学习技术和工具，在教师的帮助下开展创新学习活动。同时，通过提供技术平台，不仅可以为学生提供丰富的优质数字教育资源，而且可以实现对每一位学生的多元化个性评价，促进学生个性发展。为学生精准画像，帮助学生制定个性化学习计划，规划成长路径。根据学生的个性化学习需求精准筛选、智能推荐。通过技术平台记录学习轨迹，通过学习分析技术精准诊断，评价每个学生的学习成效，优化学习路径。

5. 线上与线下相结合，打造泛在绿色智能学习空间

未来学习场所将突破学校局限，现实物理空间和虚拟空间相融合，学习可以随时随地发生。

一是建设智能校园，在教学、管理、资源等学校工作的各环节，应用语音识别、人脸识别、大数据、互联网等打造智能校园，建立智能管理系统和校园环境。

二是开发、整合、利用各种数字资源，提供丰富的网络在线学习内容，支持学习者全时空泛在学习。

三是改造和拓展学习场所，打破教室局限和学校围墙，通过学校、家庭和社会等跨界协作，为学生提供更多的学习场所和空间，以适应混合学习、翻转课堂和自带设备等多种学习需求。

6. 分享优质教育资源，利用新技术促进教育公平

将新技术与教育教学和管理深度融合。教育4.0可以使用的新技术包括云计算、大数据分析、物联网、自主流程组织、横向和纵向整合增强现实、先进机器人和共融机器人等。利用新技术，提高学校教育教学质量，依托不断升级的云网端基础设施，研发全学科、全学段、系统化的优质数字资源，开发开放全民数字素养提升课程，构建专家团队、教学服务、技术服务、学科教研等一体化教学服务生态，通过优质教育资源的公开分享与便捷传播，促进教育公平。

在本书的第一部分，我总结了许多其他国家的做法供大家借鉴。在参考的同时，我国在未来教育的布局上，也应该将技术理性逻辑与人的发展逻辑充分结合起来，特别是要重视服务人的社会性成长的逻辑。具体而言，一方面，目前我国正在推进全社会的数字化转型，另一方面我国在国际竞争中赢取主动权的关键就是要抓住第五次工业革命的契机，未来教育布局要主动回应这两个方面的人才发展需求。先期应以教育数字化转型为突破口，在国家教育数字化战略的政策指引下加速推进传统教育向未来教育的变革。在此过程中，可以借鉴其他行业数字化转型及其他国家教育数字化转型经验，最终形成未来教育的中国模式。

● 未来教育的影响因素与应对

1. 技术变革是教育发展的重要驱动力

"技术不仅影响我们需要学习什么，而且还影响我们未来学习的方式。"技术源于人类对自然改造的需要和愿望。作为一种工具，它一旦产生就会被人们尽可能地应用到生活的各个方面，尤其是那些具有革命性质的技术，但其应用范围并不是由人们的愿望所决定的，而是由技术的自然属性所决定，而且社会领域的开放度也是一个重要影响因素。

从历史发展来看，21世纪之前的三次技术革命最初主要发生于工业生产领域且在工业生产中应用居多，在社会其他领域的应用相对较弱。但这并不是说这些技术没有对社会其他领域产生影响，而是说没有像在工业生产中那样产生革命性的变化。

在教育领域，"技术颠覆教育"的说法一直存在，但是带来三次工业革命的技术只是给教育的某些方面，如学习环境、教学手段、教学方式、教学内容等带来了一些变化。目前，正在发生的智能化技术变革则不同于以往，它产生于非工业生产环境，也就是其并非源于对工业生产效率的提高，而是面向整个社会领域，已经在社会其他领域带来了一些巨大的变化，在可预见的未来对教育也将带来革命性的变革或至少有这样的潜能。需要指出的是，在这一过程中，如果全然关注的是技术理性的逻辑，那对教育的影响也可能是负向的，因为技术应用的推动者一旦陷入"误识"，就有可能过度放大技术的功能，认为它是解决教育问题或实现教育理想的灵丹妙药，从而造成非伦理化的"变革"。

2. 社会需求变化是教育发展的重要原动力

为社会培养合格人才是教育的基本功能之一，所以教育需及时回应社会发展带来的人才需求变化，否则教育就会受到社会的广泛批评或者受到社会的施压。这是社会需求对教育发展影响与技术变革对教育发展影响一个重要的不同，也就是说，前者对教育而言是一种主动行为，后者对教育来说是一种被动行为。例如，很少有学校因没有使用iPad教学而受到批评，但学校培养的人不能适应社会生存却常被批评。

从历史发展来看，工业化时代的产业结构相对稳定，生产相对标准化，社会对人才的要求自然较低，所以教育通常只需要做某一或某些方面的调整就可以适应社会发展的变化，例如，根据社会发展变化在教育内容上做一些更新等。但随着智能化社会的持续推进，整个产业结构和社会结构都将面临重新调整，传统的标准化工作越来越有被机器人代替的可能，因此目前的很多工作在未来可能会消失。世界经济论坛预测如今进入学校教育中的儿童有65%在未来将从事尚未存在的职业。这也就是说，未来的人才需求将会发生根本性的变化，诸如可能未来会越来越强调通用技能、横向技能、跨领域技能、计算思维、数字素养、社会情感技能等，所以教育发展到了不得不变的时代。

3. 探索未来教育已成为全球共同的战略选择

正是由于教育变革势在必行，所以近年来对未来教育的探索已成为全球共同关注的一个现象。从国际组织来看，除了像联合国教科文组织这样的教育类组织开展未来教育研究并发布相关报告外，其他非教育类的国际组织如世界银行、世界经济论坛、经济合作与发展组织、欧盟等近年来也开展了研究并发布了相关的研究报告。这些跨教育领域的组织加入探讨未来教育，说明教育变革已不仅仅关系教育的生存发展，也关系到其他领域的发展甚至人类的生存，所以需要全社会的介入。

从国别探索来看，在本书开篇我们分享了目前许多发达国家在实践和政策层面均给予了重要关注。例如，美国、英国、澳大利亚、新加坡、日本、俄罗斯、芬兰、德国等国家的一些中小学学校、社会组织以及商业机构近年来都进行了未来学校的实验，而且这些实验不只关注技术理性的逻辑即技术本身能给学校教育带来什么改变，而且还关注人的发展逻辑即技术在人的自然性成长和社会性成长中能够做什么。自然性成长在这里指的是人之为人的价值或发展追求，如追求真、善、美以及教育公平、个性化发展、快乐、幸福等，这些追求不论是在什么样的社会都得到重视。社会性成长指的是人为了适应社会发展变化的教育追求，在不同的社会中这种追求通常也不同，这也构成了各国在政策层面探索未来教育的基本逻辑起点，如美国、日本、澳大利亚等国出台的未来教育发展政策就主要是基于这样的一种考虑。

4. 加快未来教育数字化布局在我国已迫在眉睫

目前，在实践层面，我国也如很多发达国家一样，开展了一些未来教育的探索，并产生了若干具有引领价值的典型代表。但总体来看，我国的未来教育实践还尚未形成规模化的效应，而且在实践层面的推进更多采取的是技术理性和人的自然性成长的逻辑，对人的社会性成长关注不够，以至于出现有学者所称的新技术反而强化了应试教育的问题或者新技术成为教育问题的"屠龙之术"。所以，有必要从国家层面来定义未来教育，从而起到方向引领的作用。

同时，随着我国"数字中国"的全面推进，未来人才发展的需求将发生重要的改变，所以仅靠实践层面的单点突破发展已经无法满足社会发展的需要。另外，第五次工业革命也正在孕育兴起，欧盟、世界经济论坛等机构和组织都对其进行了探讨，而其中共同的主张之一就是第五次工业革命将从第四次工业革命关注的技术和创新最佳实践转向为人类服务，即人的发展与需求成为重要考虑，而不是完全的技术理性主导。这意味着在第五次工业革命的推动下，未来社会将进入一个全新的发展阶段或者至少说与现在将有很大的不同。显然，能否在这样的未来社会抓住先机，其关键就在于教育能否发挥其应有的功能，因为人既是教育的对象也是教育的产物。因此，对于我国来说，加快未来教育发展的整体数字化布局应成为国家的发展战略之一。

● 人工智能与教育的双向奔赴

当前，人工智能正成为推动教育高质量发展步入"快车道"的有效支撑手段。当前，人工智能技术不仅正在加速第四次工业革命产业结构重组与经济社会转型，而且在促进人才培养和教育变革方面也发挥着巨大的潜力。纵观时代潮流，人工智能发展空前活跃，亟须推动产业升级的智能型专业人才支持。在人工智能与教育双向赋能的背景下，如何利用人工智能促进新时期教育高质量发展，成了亟待研究的重要课题。

举个简单的例子，传统的教务管理，面临评价周期较长、客观评价数据缺失的困境，不利于教务管理者及时有效地做出决策。教师对学生的培养和关注，以学习成绩为主要参考，教师有限的精力只能重点关注到少数学生，难以发掘每位学生的个性和特征。当我们加入一个新的维度，学生们就得到了更加精细的分类，这样就具备了因材施教的可能性，这就是未来人工智能可以在教育场景中作出的尝试。

然而，无论是数字化转型还是构建一个全新的生态体系，都并非突如其来的"突破"，而是随着数字技术的发展与需求的融合，从渐渐被引入到主动驱动发展。

目前，教育界对数字化转型的特征阶段尚未达成共识，但可以大致分为三个转型阶段，即数据化赋能、平台化应用和数智化重塑，具体如图10-2所示：

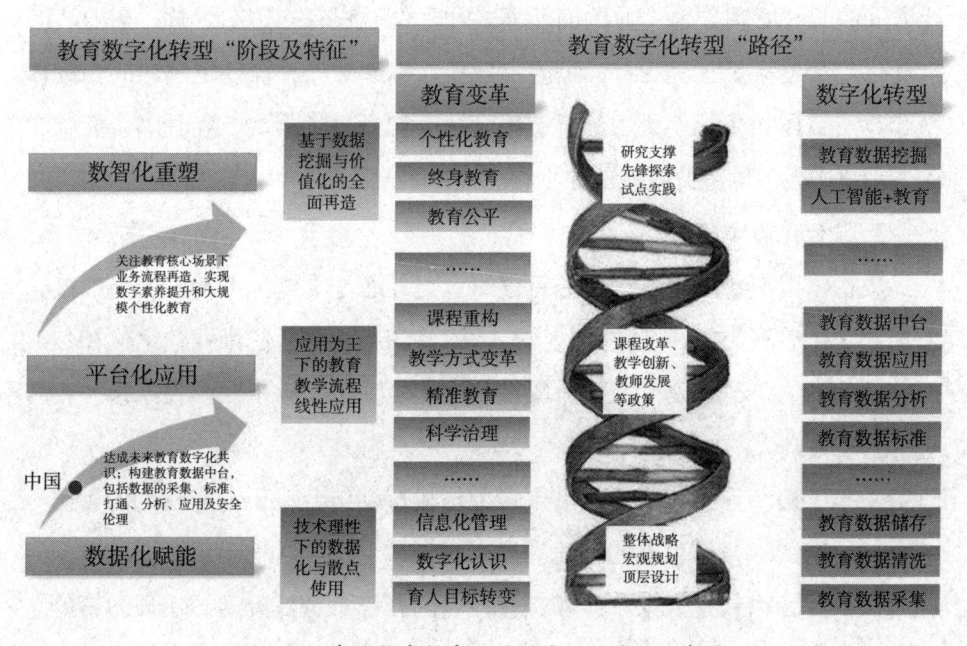

图10-2 我国教育数字化转型阶段及路径示意图

由于不同业务场景的数字化水平不同，这三个阶段可能在同一行业的不同业务场景中交叉或并行发展。

1. 数据化赋能阶段

数据化赋能阶段主要集中于培养数字化意识，实现数据采集和基本应用。它以数字技术为工具，帮助工具、设备和教育工作者数字化，通过数据辅助决策来实现传统业务的减负和增效。在传统产业的数字化转型中，数字化意识不仅包括数字素养，更重要的是对产业数字化价值创造的认知，从生产驱动到以消费者为中心的意识。例如，早期的数字政府聚焦于提升政府内部效率，将信息技术作为提升政府服务的工具。

2. 平台化应用阶段

平台化应用阶段则专注于数据标准化、打通、分析、应用和安全伦理。它通过数据的规范、连接、公式化和指标化来优化业务流程，甚至实现一定程度的自动化。比如，在企业的日常数字化中，实现平台化应用需要四个主要方面的工作：需要对企业的商业模式和工作流程有一定的了解；需要高度自动化的数据采集工具支持；需要高效的数据库架构；需要定制化的指标体系和算法，用于多元变量的分析、深度计算和多角度测试。互联网企业构建的"数据中台"即是此阶段的典型标志。

3. 数智化重塑阶段

数智化重塑阶段着眼于业务流程的重塑，通过深度挖掘和价值化数据，实现数字化生产力与产业关系的再造或跨界创新，以适应产业数字化和数字产业化的发展。毫无疑问，教育领域数字化转型是全球主要国家未来教育转型的重要方向。

未来已来，人工智能、数字化转型与教育相结合，正在为我们勾勒出一幅全新的智慧教育新生态的画卷。只有我们敢于探索、勇于创新，才能与时代并肩前行，为构建未来学校和塑造教育的新篇章做好准备，实现教育的全面升级。

"智能技术"体系：让人工智能与人类智能在学校教育中协同共生

当我们探讨未来学校和教育体系的发展时，我们不仅仅在考虑技术和设施的创新，更要关注教育体验的全面改善。打造"未来学校"不只是我们作为教育工作者的一个抱负，更是我们对更高质量教育体系的期望。这是一个将教育推向新高度的愿景，而"未来之眼"则是我们理解这一切、赋予意义和方向的视角。而数字化技术的快速发展对教育领域带来了深远的影响，它不仅改变着教学方法和学习方式，还重塑了整个教育体系。

在本书的第一部分，我分享了新加坡政府推行了"未来学校"项目的案例。与此同时，我也在思考，我们能否基于人工智能技术，打造一所适合中国学生的有着中国特色的"未来学校"呢？

在某校一个名为"智慧课堂"的项目中，某小学引入了一套智能教学系统，该系统结合了人工智能和人类教师的优势，实现了二者的协同教学。

这个智能教学系统具备自然语言处理和图像识别等人工智能技术，可以根据学生的学习情况和需求，提供个性化的学习资源和教学方案。例如，系统可以根据学生的学习进度和能力水平，自动推送适合他们的学习材料和练习题。

然而，与传统的人工智能教学系统不同的是，这个项目中的人类教师在其中扮演着重要的角色。他们与智能教学系统紧密合作，共同制定教学计划和教学策略。人类教师负责传授基础知识和技能，而智能教学系统则根据学生的需求提供定制化的学习资源和反馈。

在智慧课堂中，人工智能与人类智能相互补充，共同促进学生的学习。

人工智能可以分析学生的学习数据和表现，为教师提供更全面的学生情况分析和教学建议。而人类教师则可以根据自己的教学经验和观察，对学生的学习进行更深入的指导和辅导。

这种协同共生的教学模式取得了显著的效果。学生们的学习兴趣和参与度得到了提高，学业成绩也有了明显的提升。教师们也发现，通过与智能教学系统的合作，他们能够更好地满足学生的学习需求，提供更有效的教学。

可见，通过智能技术体系的应用，我们可以将人工智能的优势与人类教师的智慧相结合，共同构建更智能、更个性化的学习环境。这不仅可以提高学生的学习效果，还可以推动教育的创新和发展。

●让人工智能与人类智能在学校教育中协同共生

在未来的教育体系中，高质量的教育不仅需要建立在高质量的学校基础之上，更需要一个完备的教育体系作为支撑。一个高质量的教育体系是基础，它不是局部的高质量，而是一个完整的、系统化的高质量教育。这意味着我们需要打破旧的教育体系，向全新的体系转变，方能实现高质量教育的目标。

同样地，未来学校的建设也需体现出一套完备的体系。这个新的学校体系由四大范式构成，涵盖了教育的不同维度和层面。我将其简单概括为本章的四个层面，首先当然是科技层面——"智能技术"体系。

要构建这一体系范式，首先我们要回答一个核心问题：如何让人工智能与人类智能在学校教育中协同共生？

我认为是双向赋能。

一方面，人类智能创造了人工智能，赋予机器以智能。反过来，以机器为代表的人工智能，怎么赋予教师、学生以新的人类智能，将已有的人类智能提升到一个新的水平。

要做到协同共生，我们先来看一看，人工智能的出现给学校教育带来了什么挑战。我认为主要有三个方面的挑战。

1. 对职业的挑战

有一张长长的、被人工智能替代的职业清单，这里我就不做展开，因为大家都已经很熟悉了。

2. 对人类素养或能力的挑战

人工智能有三大智能。

一是计算智能，能存会算，早就超过人类大脑。

有人统计过，人类顶尖围棋高手，一辈子最多能下20万盘棋，而人工智能阿尔法狗，一个晚上就能下100万盘。

你哪里比得过它！

人工智能有什么特点？不知疲倦，只要有电。然而，人却不是这样。

二是感知智能，能听，能看，也能认。

三是认知智能，能学习，能思考，能决策，也开始有了一点情商。

一个接一个超越了人类的素养和能力，将来人类会面对什么样的窘境呢？未来走出学校的学生发现，很多职业不需要那么多人，甚至不需要人了。

过去在学校里，我们辛苦培养的素养和能力在人工智能面前都不堪一击，不值一提。然而，在我看来，这两种挑战还不是最根本的。

3. 是对人的生命及进化的挑战

物理学家泰格马克认为，人工智能的出现，改变了生命进化的方式，改变了生命本身。他在《生命3.0》中写道，地球上的1.0生命是生物阶段，包括人，那个时候的进化，纯自然，硬件软件都是自然进化，没有任何干预，人自然而然就直立行走了，自然而然就褪去体毛了。

第二个阶段不一样，文化阶段来了，硬件还是自然进化，而软件，人的精神、人的大脑是可以通过文化的构建，包括教育活动来干预和介入的。

人工智能出现以后，科技阶段来了，不仅软件被人们干预改变，硬件也被人为地介入了、改变了。基因编辑、人体器官的3D打印，还有一直被压制的克隆人，都在改造人的"硬件"。

全新的时代来了，有人正在计划将来开发一个导管，和大脑皮层链接起来，把人需要的知识能力通过导管直接输入大脑。

那还需要课程吗？还需要教学吗？一个导管就解决了。这样的想象，未来不是没有实现的可能。在这样的情况下，教育何为，学校何为，包括我们的课程、教学、教研、评价何为？

这个时代，人的活法变了。

活法变了，学法也必须变。

学法已变，教法也必须变。

教法已变，学校怎能不变？！

为此，在未来，学校教育需要我们思考并回答一个问题：有人工智能和没有人工智能，老师的能力、本领有什么不同？

关于这一点相信大家已经通过前面章节的阅读找到了答案。

还记得袁振国教授在一篇文章里写过这样一段话："随着现代信息技术和人工智能的发展，传统的讲授将被丰富生动和更加具有针对性的信息传播所替代；机械的练习、作业批改将被人工智能取代。据估计，现在教师工作内容的百分之七十将由信息技术和人工智能来完成。"这段话的关键是，没有写出来的"剩下的百分之三十"是什么？这才是未来教师专业发展、未来教师培训研修所必须解决的核心内容。

"人文艺术"体系：让学校、课堂充满人文关怀和艺术气息

有了科学技术的加持，未来的学校怎能少了人文艺术的气息。

讨论这个问题，我们需要先回答：什么是"人文""人文主义""人文关怀"？

联合国教科文组织几年前发布的《反思教育》对此做了明确的回答。什

么是人文主义?"维护和增强个人在其他人和自然面前的尊严、能力和福祉,应是21世纪教育的根本宗旨。这种愿望可以称为人文主义。"

下面这段话更加明确:**"应将以下人文主义价值观作为教育的基础和宗旨:尊重生命和人格尊严、权利平等和社会正义、文化和社会多样性,以及为建设我们共同的未来而实现团结和共担责任的意识。"**

什么叫艺术? 艺术的本性是什么?

在我看来,除哲学外,艺术也是智能时代人类不可被替代的核心素养,也是人之为人的重要尺度,它让人类能实现所谓的"艺术化的生存"。

● 未来教育是通往爱的教育

人文也好,艺术也好,它和教育以及育人有什么关联呢? 关联点在哪里?

我有一个核心观点:人文是通往爱的,生命之间的相互尊重和爱,艺术是通往美的。在智能技术之外,人类的生活、教育是不能离开爱的,更不能离开美。爱和美是技术无法替代的。人文、艺术最大的共同点是通往生命最美好的体验。

体验为什么重要?

今天的教育开放了,走出学校、走向社会、走向天地自然,它有个预设:无数的远方、景物、人们、事物、事情、事件都和教育有关,和育人有关。怎么有关? 通过体验。

前面说到下围棋,围棋大师吴清源当年在追忆他的围棋生涯时,讲的一番话,特别打动我。他说他下围棋的原因,不仅是为了谋生存、拿段位,更是为了自我修炼、自我修养,下围棋是他自我精神建构的过程。这话非常有意思。怎么精神建构? 通过"体验"。中国古人讲的学问叫"体知之学"。体,是身体的体,是生命体验的体。体验以后的学习,体验以后的知识技能的掌握,和没有体验是完全不一样的。所以,下围棋、画画、音乐演奏、舞蹈、文学创作,各种艺术活动都能催生、引发人的生命体验。体验和人之为人密切相关。

好的教育，好的学校，要给学生丰富的体验，体验活着是什么滋味。用教育的方式，用不同学科的方式，体验活着的滋味。这个体验，这个经验，建构了知识，塑造了人生，创造了个性，也丰富了人的生命。这恰恰是艺术带给人类的不可替代的情感、审美、想象和创造的体验。

在教育中，为学生提供丰富多彩的体验意味着赋予他们探索活着真谛的机会。这种体验并非单纯依赖书本知识或理论，而是通过教育的多样化方式，让学生亲身感受生活的酸甜苦辣。这种经历才是真正构建知识框架、雕刻人生基石的途径。

构建人文艺术体系的"爱的教育"，需要涵盖多个方面。其中，爱是教育的根基，人文是思想的血脉，艺术是文化的灵魂。

1. 爱是教育的根基

在建立人文艺术体系中，教育者要带着无私的爱心对待学生，倾听他们的声音、理解他们的需求，引导他们自由探索、表达个人情感和独特思想。这种爱是以关怀、尊重和包容的态度，倡导自我实现与个性发展。

2. 人文是思想的血脉

注重人文价值观教育，培养学生的人文情怀、审美情趣、道德情操。传授人文知识，如历史、文学、哲学等，帮助学生理解人类历史、文化传统、道德伦理，激发对人性、情感和情感的理解和尊重。

3. 艺术是文化的灵魂

通过音乐、绘画、舞蹈、戏剧等多元化艺术教育，让学生体验创造与表达的乐趣，激发学生的想象力、创造力和审美情感，培养他们的审美情趣，提高个体的艺术修养和文化修养。

在某中学的音乐课堂上，教师采用了一种创新的教学方法，将音乐与文学、历史等学科相结合，打造了一门跨学科的"音乐与人文"课程。

这门课程以音乐为主线，通过引入文学、历史等人文元素，让学生深入了解音乐作品背后的文化内涵和历史背景。例如，在学习古典音乐时，教师会引导学生阅读相关的文学作品，如诗歌、散文等，帮助他们理解音乐作品所表达的情感和思想。

同时，教师还鼓励学生参与音乐创作和表演，发挥他们的艺术才能和创造力。学生们可以组成音乐小组，共同创作歌曲或编排舞蹈，然后在课堂上进行展示。这种创作和表演的机会让学生们能够更深入地理解和感受音乐的魅力，培养他们的艺术鉴赏能力和表达能力。

除了音乐课堂外，这所学校还将人文关怀和艺术气息融入了校园的各个方面。例如，在学校的公共空间设置了艺术展览区，定期展示学生的美术作品和手工艺品；在图书馆开设了文学沙龙和诗歌朗诵会，为学生提供展示和交流的平台；在校园活动中引入了戏剧、舞蹈、影视等多种艺术形式，让学生在参与中感受艺术的魅力。

这种"人文艺术"体系的实施取得了显著的效果。学生们对音乐和艺术的兴趣得到了提高，他们的审美素养和人文精神也得到了培养。同时，这种跨学科的教学方式也促进了学生对其他学科的理解和掌握，提高了他们的学习效果。

这个案例展示了"人文艺术"体系在学校教育中的应用实践。通过将人文关怀和艺术气息融入教学和校园生活的各个方面，我们可以为学生提供一个更富有创造力和想象力的学习环境，培养他们的审美素养和人文精神。这不仅有助于学生的全面发展，还可以推动学校教育的创新和发展。

教育不仅仅是知识的传授，更是对人格、情感和创造力的培养。人文艺术体系的"爱的教育"旨在培养学生的人文素养、审美情操和创造力，让他们在教育中感受到人文关怀、艺术的熏陶，并在心灵深处体验到爱与美的存在。

"社区社会"体系：彻底打破学校与社区的壁垒

当每一个含苞待放的花朵长大成人，象牙塔里的那些男孩女孩们始终要走出校园，走向社会。

如何在学校教育力、家庭教育力和社会教育力三力融合中，打破旧体系，构建新体系？答案是在学生们走向社会之前，就让他们通过学校构建的"社会大学"得到锻炼。如何构建？把学校建在社区里，把社区建在学校里，彻底打破学校和社区之间的壁垒，这就是新的体系。

在某城市的社区学院，学生们可以通过一个特殊的项目——"社区探索计划"，深入参与社区的各个方面，将学习和实践相结合。

这个项目以社区为课堂，学生们可以参与各种真实的社会实践和社区服务。他们可以参加社区会议，了解社区的问题和需求；可以参观当地的非营利组织和企业，了解它们的工作和运营方式；还可以为社区组织宣传活动或公益活动，为社区的发展作出贡献。

同时，学生们还可以通过这个项目与社区的专业人士进行互动，了解他们的职业和工作方式。这些专业人士可以成为学生的导师或指导者，为他们提供实践经验和建议。

这个社区探索计划不仅让学生们能够将所学的知识应用于实际生活中，还可以培养他们的社会责任感和团队合作能力。学生们在参与项目的过程中，学会了如何与不同的人交流、如何解决问题、如何协作完成任务。

此外，这个项目还鼓励学生们参与社区的公益事业和志愿者活动。他们可以参与环保行动、为弱势群体提供帮助、为老年人提供服务等。这些活动不仅让学生们感受到自己的价值和意义，还可以培养他们的公民意识和责任感。

这个案例展示了"社区社会"体系在学校教育中的应用实践。通过打破学校与社区的壁垒，我们可以为学生提供一个更广阔、更真实的学习环境，让他们在实践中学习和成长。这不仅可以提高学生的学习效果和应用能力，还可以培养他们的社会责任感和公民意识。同时，这种体系也有助于加强学校与社区的联系和合作，推动教育的创新和发展。

●让学校不再是一个孤独的象牙塔

在"社区社会"体系下，学校不再是一个独立的象牙塔，而是更像社区的一部分。学校应与社区深度融合，将社会文化、资源和环境融入学校教育的方方面面。

首先，构建新体系需要创造一个融合学校、社区和家庭的环境。学校应该位于社区中心，周围环绕着家庭住宅区，形成一个紧密相连的社会教育网络。同时，学校应该与社区内的各种资源建立联系，包括公共图书馆、文化中心、社区活动场所和企业。

其次，教育者和社区居民、家长应建立更加密切的合作关系。教育者不仅仅是学校里的老师，也可以是社区中的志愿者、专业人士等。他们可以定期组织活动，包括社区清洁、知识讲座、文化交流等，吸引社区居民和家长参与，让孩子们在这样的环境中学到更多。

此外，借助科技的力量，可以建立一个数字化平台，以促进学校、社区和家庭之间的沟通与协作。这个平台可以包括信息共享、课程资源共享、教学计划的通报以及家长参与教育决策等功能。通过数字化手段，教育者、家长和社区居民可以共同参与学生的教育活动。

最重要的是，教育者需要接纳社区和家长的意见和建议，制定更贴近社区需求的教学计划和课程。同时，学校可以积极组织学生参与社区服务，让他们了解社区环境、参与社区活动，培养他们的社会责任感和实践能力。

总之，这种新体系的构建需要学校和社区的共同努力，目标是打破传统的教育模式，打通学校与社区、教师与社区资源、家长与学校的壁垒，创造一个更加全面、开放和融合的教育环境，以培养更具实践能力、创造力和社会责任感的学生。

在这种新体系下，教育者不再是孤立的，而是与社区的其他教育力量合作，包括家庭教育和社会教育力。家长和社会各界人士参与到学校教育中，不仅是为了关注孩子的学习，更是为了给孩子提供更广泛的教育资源和经验。

这种三力融合的新体系，打破了传统教育中学校、家庭和社会三方分立的局面。它以一种更加紧密的教育模式，为学生的成长提供了更加广阔的舞台。通过让学生提前在社会大学中得到锻炼，他们在走向社会时会更加自信、更有责任感，同时也能更好地适应社会的发展和变化。

"天地自然"体系：将育人安放在"天地自然"之中

"天地自然"，听上去似乎很抽象，其实不然。

构建这一体系的初衷，是要让师生找回丢失的自然，让育人安放在"天地自然"之中。

当人工智能越来越普及、越来越成熟时，未来的我们不得不面临一个现实问题——现代科技文明之下，人们却越来越远离、疏离自然。

殊不知，我们人类本来就是自然之子。

所以，这个范式就要解决这个问题。最直观的是，我们可以通过校园四季活动系列设计，让自然走进课程，走进教学，走进学校文化，进入学生的日常生活，变成他们生命成长的自然资源。这也是未来学校不可或缺的第四大范式。

●最好的教育就在天地之间

建立天地自然这种新的教育体系，并不是要创造一个完全脱离现实的乌托邦，相反，它是为了恢复学习者与周围环境的互动。这种环境是指能够让学生在真实世界中学习，了解并回应社会需求和问题，以此来提升他们的社会责任感和实际解决问题的能力。这个新体系的设计旨在使学生在这种连接之中获得启迪，让他们了解人类与自然的亲密联系，促进人类在地球上的和谐共处。这种全面教育体系的构建就是为了让学生从"天地自然"中获得知识和智慧，进而积极地回馈社会，创造更加美好的未来。

国外有一些学校很注重引导学生参与户外活动和大自然体验。

在美国，有一所著名的学校，名为"Children's School"，位于华盛顿州西雅图地区。这所学校推崇户外教育和大自然体验作为课程的一部分。学生们每周都会有固定的户外探险计划。

这所学校的学习体验包括徒步旅行、露营和户外探索活动。在实地活动中，学生们可以探索当地森林、河流和海滩，开展地理学、生态学等课程内容。

该校教师和学生共同设计课程，利用户外探险和大自然体验来教授课程内容，培养学生的自然观察能力和环保意识。这些活动不仅让学生们近距离了解自然环境，还帮助他们发展社交技能和团队合作意识。

这种教学方式激发了学生对自然的好奇心，让他们更深入地了解了环境、生态和地球科学。通过这种亲身体验，学生们更容易理解课堂知识，并且培养了对大自然的尊重和关爱之心。

再如，美国哈佛大学开设了一个课程叫作"Forest Ecologyina Changing World"（"变化中的森林生态学"），通过此课程，学生们有机会亲身体验自然和户外生活。

这门课程的主要目的是让学生深入了解森林生态学，考察森林生态系统的变化以及人类活动对森林的影响。这不仅仅是课堂讲授，更是实地探索。

学生们在教授的指导下，亲身走访森林、观察动植物、研究生态系统，以实践的方式了解课程所涉及的生态问题。

这种课程设计让学生们通过亲身体验深入了解森林生态，并为他们的教育经验增添了更丰富的元素。学生不仅能获取知识，还能培养实地观察能力和解决问题能力。

此外，加州大学圣塔芭芭拉分校（University of California, Santa Barbara）的"Field Studies in Natural History"（"自然历史野外研究"）项目也是一个很好的例子。

该项目由生态学和进化生物学系主持，旨在让学生通过户外探险学习生物多样性。这个课程涉及动植物学、地理学和生态学等知识领域。学生在导师的指导下，到野外进行探索，观察和记录动植物、研究地质现象，了解生态系统。

这类课程使学生有机会在自然环境中进行学术研究和体验，培养他们的科学观察力、实地调研能力和团队合作能力。这种全方位的体验能够让学生们更加深入地理解课程所涉及的自然生态和科学知识。

这样的教育思维和实践，不仅教育了学生，也影响着家长、教师、社区和社会。它的核心理念在于培养全面发展的人，让人与自然之间的关系更加和谐，进而影响整个社会，促进社会进步。

在某市一个乡村学校的自然课程中，学生不再被限制在教室中，而是被引入户外，与大自然亲密接触。这个自然课程结合了生物学、地理学、环境科学等多个学科的知识，旨在让学生更好地了解自然环境和生态系统的运作。

在这个课程中，学生可以观察动植物的生长和变化，了解它们的生活习性和生态环境。他们可以采集标本、记录数据，并进行科学实验和研究。这种在自然环境中的学习和探索，让学生对自然界产生了浓厚的兴趣和好奇心。

除了科学实验和研究，这个自然课程还注重培养学生的环保意识和生态意识。学生们可以参加环保志愿活动，如清理河流、保护野生动植物、推广环保知识等。这些活动让学生们意识到自己与自然环境的紧密联系，以及保护环境的重要性。

此外,这个乡村学校还开设了一门独特的课程——野外生存技能课程。在这个课程中,学生们可以在野外进行露营、徒步旅行、野外求生等实践操作和技能训练。这些活动不仅让学生们体验到挑战和冒险的乐趣,还可以培养他们的独立生活能力和团队合作精神。

这个案例展示了"天地自然"体系在学校教育中的应用实践。通过将学生引入自然环境,我们可以让他们更好地了解自然环境和生态系统的运作,培养他们的环保意识和生态意识。同时,这种体系也有助于培养学生的独立生活能力和团队合作精神,促进他们全面发展。这不仅可以提高学生的学习效果和应用能力,还可以推动学校教育的创新和发展。

从"天地自然"中学到的知识和感悟,是学生一生的财富。它不仅仅停留在学校的课堂中,更是融入生活的点滴中,激发出对生活的热爱和对未来的探索。这种教育体系的构建,是为了让学生从大自然中获取知识,相信这样的体验也能够引导他们继续探索、思考并为这个世界做出一定的贡献。

附录

人工智能+教育的可行性路径探究

2022年4月,我和校方团队为进一步探究人工智能+教育的可行性路径,展开了一个题为"数据驱动的人工智能+教师培训管理模式与运行机制变革"的项目。该项目由宁波市教育局与宁波教育学院、宁波市中小学教师培训中心联合申报。

● **前期工作基础**

人工智能与教师教育的融合发展已成为世界各国及相关组织关注的热点。联合国教科文组织在《教育中的人工智能:可持续发展的挑战和机遇》报告中提出了"提升教师的人工智能素养";我国先后颁布的《教师教育振兴行动计划(2018—2022年)》《关于开展人工智能助推教师队伍建设行动试点工作的通知》也提出"要充分利用人工智能等新技术,推进教师教育信息化教学服务平台的建设和应用""开展教师智能教育素养提升行动"。在教育信息化2.0背景下,教师教育面临转型与变革。人工智能时代,教师教育在"以学习者为中心"的基础上更加关注"素养为基,能力为本",推动了线上、线下学习环境的融合,为学习者创设了浸入式的立体化学习环境,实现了基于用户画像技术的精准化课程资源和服务推送,逐步形成虚实结合、线上线下融合和协同联动的教师职后教育新模式等。

1. 已有研究与实践基础

项目负责人一直以来参与和管理中小学教师培训工作，长期从事教师教育、教育管理研究，是宁波市人工智能学会智能教育专委会主任，参与宁波市智慧教育平台、宁波市教育干部学习网建设。主要参加人员由教育行政人士、教育教学研究人士、教师培训人员、一线名师等组成，他们都在直接从事教育培训理论研究和实践探索工作。本项目相关的研究基础扎实，前期研究成果丰硕，项目组通过实践与研究已经在区域层面积累了"互联网+"时代教师教育信息化的区域推进经验，包括"才智服务、多元共享、联动保障"三大战略原则，通过融合与情景技术、连通主义技术、混合学习支持技术、网络研修社区构建技术、个性化需求满足技术等五项战略技术建构了教师教育信息化区域推进的独特战略路径模型；建构了学分制背景下教师专业发展分层培训课程设计与开发的"议—立—行—思"的操作范式，在培训课程设计维度上实施分阶段、进阶性课程模块与内容的开发策略以及红色文化浸润下的以强化使命感为指向的中小学教师培训体系；在城乡教师素养一体化提升方面建构了基于"名师骨干带徒项目、教师联片指导项目、乡村教师访名校项目、乡村名师工作室"等的多位一体的教师发展生态，促进城乡教师素养整体的提升。

2. 已有实践与研究成果

项目团队已开展的部分教师教育相关的教学改革项目如附表1所示：

附表1 已开展的部分教师教育相关的教学改革项目

课题类别/获奖成果	课题（项目）名称	课题编号
全国教育科学"十二五"规划2015年度规划课题	"互联网+"时代中小学教师教育信息化区域推进战略研究	FHB150497
浙江省哲学社会科学规划2019年青年课题	基于人工智能的教师教育智慧生态系统的开发与应用研究	19NDQN325YB
浙江省教育科学规划研究2019年重点课题	学分制背景下教师专业发展分层培训课程设计研究	2019SB057
浙江省教育科学规划研究2015年重点课题	构建"三位一体"教师教育协同创新机制的实践研究	2015SB093

续表

课题类别/获奖成果	课题（项目）名称	课题编号
2020年度宁波市社会科学研究基地课题	基于使命感的新时代教师培训体系创新	JD20JCJY-2
2020年浙江省"十三五"第二批教学改革研究项目	基于使命感培育的教师培训课程开发与实施	JG20190692
2018年度浙江省宁波市哲学社会科学规划课题	宁波市乡村教师"散点联动螺旋式"培养模式的实践研究	G18JY-07
2019年度浙江省教育科学规划重点课题	乡村振兴背景下乡村教师"流动站式"培养的实践研究——以宁波为例	2019SB059
2018年度全国教育信息技术研究课题	云教学平台下乡村教师培训模式的实践创新	186130006
2020年度浙江省教师教育规划课题"疫情下的教师培训和教师发展"专项课题	疫情下宁波市中小学班主任"线上培训"的实践研究	QYZX2020175
宁波市哲学社会科学规划2019年课题	"互联网+"时代网络社群交往的影响因素研究——基于交往行动力理论的视域	20190320
2019年度浙江省教育科学研究优秀成果二等奖	"乡村振兴背景下"中小学校长实践智慧共享机制	
2015年度浙江省教育科学研究优秀成果二等奖/宁波市教育科学研究成果一等奖	构建"全景全程式"培训模式培养小学数学领军团队的实践研究	
2020年宁波市高等教育教学突出成果二等奖	联动并进 乡村教师"扎根式"培训的实践探索	

部分研究论文如附表2所示：

附表2　部分研究论文

论文题目	发表杂志	发表时间
"人工智能+教师教育"生态系统的初步探究	现代教育技术	2019.09
教师教育信息化评估指标体系的构建	教育现代化	2018.08
"互联网+"时代教师教育信息化区域推进战略研究	中小学教师培训	2017.11
在线教育中教师学习行为态势的影响机制实证研究	中国远程教育	2018.10
中小学教师培训项目质量第三方评估机制的构建	教育理论与实践	2016.06
地方高校服务于浙江中小学教师培训的路径研究	教育评论	2015.05
信息化背景下的智慧教育推进策略研究——以宁波市为例	中国电化教育	2015.02

续表

论文题目	发表杂志	发表时间
全景全程式研修：区域学科教育家成长新范式——以宁波市学科教育家(小学数学)研修培训为例	中小学教师培训	2015.08
激趣 引智：优秀教师教学主张创生的培训创新	中小学教师培训	2020.01
"互联网+"时代教师培训的行动构想与实践——基于云教学平台的实践探索	中小学教师培训	2018.08
"互联网+"时代教师教育课程资源建设的实践变革	中小学教师培训	2017.05
散点·联动·螺旋：乡村教师教学能力提升新路径	中小学管理	2019.10
"三访三送"：乡村骨干教师精准培训新路径	内蒙古师范大学学报(教育科学版)	2020.12

● 建设目标与建设内容

结合本校、本区域教师教育实际，明确具体建设目标、内容及措施，具体的措施应切实可行，针对性、操作性强。

1. 建设目标

为深入贯彻落实中央和省市关于加强深化新时代教师队伍建设改革的要求，宁波市教育局印发了《宁波教育事业"十四五"发展规划》，并在宁波市师训中心协助下制定宁波市中小学幼儿园教师专业发展培训"十四五"规划。本项目的建设以习近平新时代中国特色社会主义思想为指导，探索"人工智能+教育"背景下在职教师培训与管理的数字化转型，建立大数据驱动下的基于人工智能技术的研训新模式、评价新方法和质量监控新路径，推进我市高质量师资队伍建设，打造高标准职后教师教育体系。

具体建设目标：

一是搭建教师专业发展培训智能支持平台（如附图1所示），包含学习过程多模态数据分析系统、教师能力画像及发展诊断系统等；

二是建设多方共建共享的教师智能教育素养课程体系，促进教师智能教育素养的提升，包含人工智能基本知识、智能教学环境及其应用、人工智能教育应用理论与方法、学科人工智能技术教学应用等课程，以及基于知识图谱的课程设计及课程资源建设；

三是开展支持体系与运行机制研究和实践，研究制定项目支持体系与机制，开展人工智能+教师教育的实践，形成智能教师培养的各类示范性案例，案例含研训案例、教师发展案例、智能研训场景建设示范案例、智能教研案例、示范课程案例等。

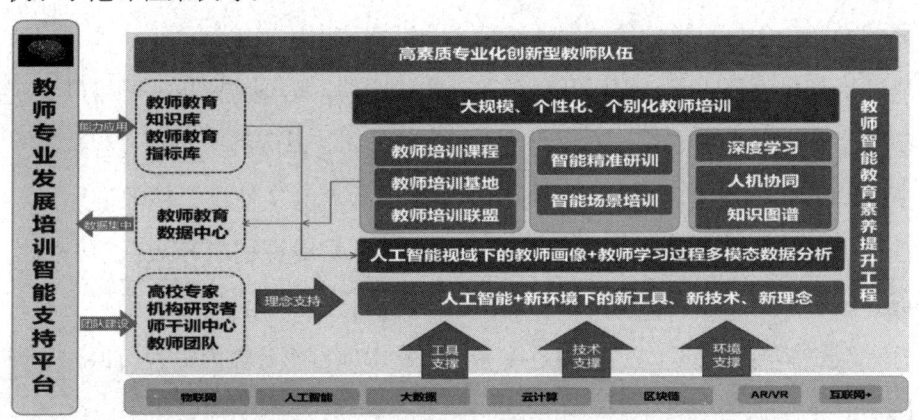

附图1　教师专业发展培训智能支持平台

2. 项目建设内容

（1）搭建教师专业发展培训智能支持平台，支持市域教师的智能研训及管理的开展（见附图2）

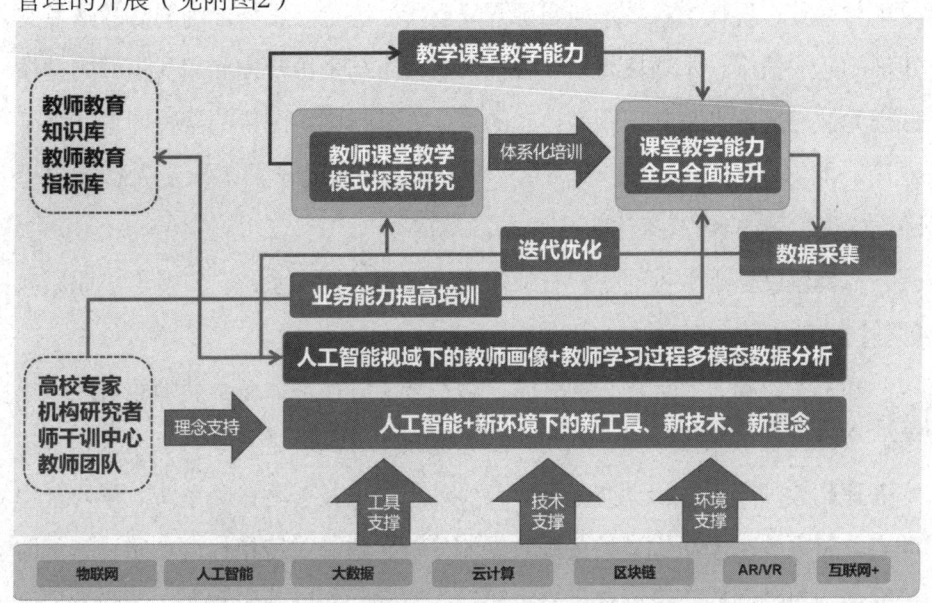

附图2　支持市域教师的智能研训及管理的开展

一是试点教师教育课程知识图谱的构建和能力对标，建立智能教师研训和评价的底座。

创新型教师培养机制和方式不能采取以往的"一刀切"式培训，要根据各方的发展需求对教师进行个性化培训，提供合适的资源，促进教师个人特色的发展和创新思维的培养。传统以人力讲授和指导为主的研训活动，因师资不足形成生师比大，课程及资源建设方式传统，培训方式单一等难以满足教师个性化发展的需求，因此利用人工智能技术，基于教师研训过程数据改变培训方式、教学和评价，才可能提高教师教育的个性化、精准度和发展性。而智能诊断和推送的重要基础在于培训项目或课程内容知识图谱的构成、基于知识图谱的课程资源与评价活动的设计、课程内容与教师能力的对标、课程间内容关联的建立和对接等，为此本项目将开展教师教育课程知识图谱的建构。

根据《中小学教师专业标准（试行）》，教师专业发展分为专业理念与师德、专业知识和专业能力三个维度整合培训内容为"职业道德与法规、课程内容与教法、学生发展与管理、教学策略与艺术、教学反思与研究、教育改革与素养、现代信息技术与资源开发利用"等七大领域。为明确教师各类知识的达成情况，本项目将以"现代信息技术与资源开发利用"领域的具体课程为试点探索课程知识图谱体系的建立、基于知识图谱的课程内容及资源建设、能力对标和评价设计。通过基于知识图谱的学习需求及先行知识论断，实现学习内容的智能推送及学习活动推荐。

二是建设基于数据的智能教师教育培养相关技术系统，支持形成职后教师教育的新模式。

基于大数据、云计算、物联网、虚拟现实等技术，基于教师教育的多模态、多维度和多来源数据，利用人工智能技术、深度学习算法、模式识别技术等建构教师学习过程动态分析、发展动态画像及智能诊断系统。学习过程动态分析系统基于研训过程多源数据的分析，建设关键指标群和质量智能监管系统，对教师研训过程进行全过程动态监测和实时分析预警。教师发展画像及智能诊断系统基于教师专业标准和能力标准，实现对教师的个体画像、群体画像、分类画像；对标标准对教师发展情况、能力水平进行判定，对问题进行诊断；支撑定制化个人培训服务模式、教师发展的精准评价、人机共教培训方法的改革。

基于以上两个系统的数据，建立研训项目或课程质量管理系统，对已结束和进行中的数智赋能的教师教育课程实施过程监控和质量评估，为研训过程管理和质量保障提供依据评价体系。

（2）建设多方共建共享的教师智能教育素养课程体系，促进教师智能教育素养的提升

教师智能教育素养成为教师当下的必备素养，更是面向未来教育的核心保障。智能教育素养包含两个方面：一是知识层面，即教师需要了解、掌握有关人工智能技术的知识；二是能力层面，即教师需要具备运用人工智能技术改进教学、创新人才培养模式的能力。

为提升教师智能教育素养，本项目将开发教师智能教育素养课程体系，包含人工智能基本知识、智能教学环境及其应用、人工智能教育应用理论与方法、学科人工智能技术教学应用等课程。用自行开发、引入、改建等方式进行课程建设。用于教师全员培训的人工智能通识课程，从相关高校直接引入，学习大数据智能、高级机器学习、类脑智能计算和量子智能计算等前沿知识，提升教师群体对机器学习、知识计算、群智计算、增强智能、认知科学和心理学等相关知识的了解，培养教师的"计算思维"，形成人工智能教育的沃土。智能教学环境及其应用课程结合区域智能校园和智慧校园建设情况，在引入课程的基础上进行改造。人工智能教育应用理论与方法课程直接引入成熟课程，并进行知识图谱建构及资源建设试点。学科人工智能技术教学应用课程涉及多学科、多学段，旨在让教师应能够有效运用大数据、人工智能、"互联网+"和混合现实技术等智能工具和资源优化教与学路径，建立学习路网体系，构建人网融合教育新样态，此类课程实践性强、涉及多学科多学段，将根据区域教学需求分批自建或引入。

（3）支持体系与运行机制研究和实践

一是建构"1（智能教育研究团队）+1（名师工作室）"数字化研训赋能体系。

智能教研是教师专业发展的重要途径，为此本项目拟建立高校专家、企业人工智能专家和教师培训机构协同参与的智能教育研究团队，借助智能技术手段持续开展技术赋能下课堂教学新模式和智能技术应用规律研究。建立智能研修平台和工具，逐步形成区域教学、教研和培训一体化联动智能研训体系。运用智能云平台开展网络教研和培训活动，基于教与学大数据，动态发现课堂教学中所存在的瓶颈性问题，并由智能教育研究团队借助智能技术手段持续开展技术赋能的课堂教学新模式和智能技术有效支持课堂教学活动实施规律研究，并将教学新模式及技术应用规律通过多种形式的线上线下混合式研训活动以及名师工作室的示范引领，及时推广给所有教师。

同时，完善市域人工智能教师培训专家库建设。建立人工智能教师培训专家资源库，积极搭建市域人工智能与教师专业发展的平台，对入库专家进行高端培训。建立人工智能教师培训专家培养试点基地，加强线上线下深度融合学习指导能力的培训。促进区域和学校加强数字校园新基础设施建设，探索人工智能技术与教师教育的融合路径，构建区域研修和校本研修新生态，形成一批智能研修平台应用优秀案例，培养一批善用互联网、大数据、人工智能等技术开展教研的创新团队和卓越教师，力争成为"人工智能+教师教育"领航试验区。

二是建立人工智能促进教师专业发展联盟和人工智能教育教师培训创新基地。

建立"人工智能促进教师专业发展联盟"，推动"人工智能与教师专业发展"的融合，进而推动相关领域的创新。推进中小学人工智能相关课程的建设、人工智能学科和在线智能教育平台的完善，逐步完善人工智能教育体系。建立区域人工智能教育教师培训创新基地，积极探索教师培训应对人工智能的经验，围绕对人工智能教育课程开发、培训、制度建设、机制建立等开展深入系统实践研究。探索人工智能技术与教师教育融合的理念、思路、方法、模式和机制，以数据驱动教育高质量发展为核心目标，聚焦政府、学校和企业三方创新合作的新模式，提出精准教学、精准教研、精准管理的"三精准"教师教育相融模式，以大数据赋能智慧决策，实现基础教育优质均衡。

三是建设"人工智能+教师教育"实训基地和联合实验室。

紧扣教师教育的课程建设和教学实践，立足基础教育未来教师、在职教师和中心教师三个群体的发展需要，建设面向全市教学和远程教育资源投送的智能教育场景、面向教师培养的智能化通用型教学技能实训基地、面向基础教育具体学科和重点领域的智能学科探究实验室，以及面向教师专业研修的智能资源平台，打造智能化集成式教师教育示范中心。立足人工智能对教师教育所带来的革命性变革，聚焦技术应用和融合创新，开展人工智能相关技术与产品、教育大数据分析与处理、学科机器人设计与研发、教育理念变革与模式重构研究，解决"人工智能+教师教育"的核心问题，实现人工智能技术支持下的教师教育理论创新。

四是健全人工智能视野下的教师培训质量评估与监控体系。

健全市、区（县、市）、学校三级教师培训质量监控体系，完善质量监控机制，充分发挥大数据、人工智能等新手段强化对各级各类培训的过程监控，确保培训实效。以"整合资源、强化合作、创新机制"为原则，利用区域教师画像系统，强化对教育培训工作的统筹指导，制定培训质量评估标准，服务卓越教师的专业发展。

● **保障措施**

在政策制度、组织机构、经费投入等方面采取的主要措施。

1. 政策制度建设

2018年，中共中央、国务院在《关于全面深化新时代教师队伍建设改革的意见》中提出"教师应主动适应信息化、人工智能等新技术变革，积极有效地开展教育教学"。同年,《教育部办公厅关于开展人工智能助推教师队伍建设行动试点工作的通知》首次提出"教师智能教育素养"的概念:对教师进行智能教育素养培训,帮助教师把握人工智能技术进展,推动教师积极运用人工智能技术,改进教育教学、创新人才培养模式。2020年宁波市教育局出台《宁波市教育信息化三年行动计划(2020—2022)》,提出全面推进包括教师教育在内的信息技术与教育教学的深度融合,基本形成教育基础设施泛在智能、教学模式融合创新、教育治理精准协同、教育服务便捷普惠的宁波教育信息化生态体系,着力打造全国教育信息化建设示范区,教育信息化整体发展水平迈进全国第一方阵。为此,市中小教师培训中心将着手制定"人工智能+教师教育"相关培训制度,拟出台相关的配套制度,为本创新实验区建设项目打下了扎实的政策基础。

2. 组织机构建设

宁波市教育局、宁波教育学院以及宁波市中小学教师培训中心联合成立"人工智能+教师教育创新实验区"建设领导小组,由中心相关领导担任组长,相关职能部门、学院主要负责人为成员。领导小组下设管理办公室。依据建设方案,分项目由项目组负责人成立子项目建设小组,按年度将任务逐条落实到人,各条块同步推进。实施建设进度季报与反馈机制和问题解决机制,实施绩效考核,建设任务完成绩效纳入年度考核,确保专业教师参与的积极性和主动性;对项目质量进行监控、评估和验收,总结建设经验,不断优化实施举措,从而保障建设项目的进度和质量,加速推进人工智能+教师教育创新实验区建设工作。学校将同步成立"人工智能+教师教育创新实验区"建设专家咨询委员会,邀请全国知名人工智能专家、教师教育专家、政府领导等为咨询专家,为创新实验区建设提供决策支持。同时,中心将与宁波人工智能产业研究院(宁波中国科学院信息技术应用研究院)、华南师范大学教育人工智能研究院合作组建专家团队、实施团队,联合组建"人工智能+教师培训实验室",以此联动浙江、广东等地专家资源、教育资源,为本项目提供支持。

3. 经费投入保障

宁波市教育局、宁波教育学院以及宁波市中小学教师培训中心在人、财、物等方面给予项目建设政策倾斜与支持，建立项目建设经费专项，保障建设经费充足；合理规划和统筹使用省、市财政专项资金，并加强对项目专项资金的管理，专款专用，实行项目资金管理并建立绩效评价机制、风险预警机制等，确保资金使用的有效性与科学性。此外，从市教育局每年下拨的教师教育专项培训经费中，划出"人工智能+教师教育创新试验区"建设专项经费，支持保障项目顺利开展。

以上是该项目的主要建设内容，通过本次项目的建设，在不远的将来，我们有望实现大数据、人工智能等新技术背景下区域在职教师培训的教学与管理模式的深刻变革，建立市域教师专业发展培训智能支持平台并能支持智能化的教学方式、教学评价以及质量监控，真正促进我市高质量育人体系的建设、高标准育人方式的打造。形成了基于"互联网+"教育平台面向市域教师的智能研训体系、"人工智能+教师教育"的生态系统、数智化的质量保障体系。

申明：为了本书的论据更充分，也便于读者更好理解，本书稿件中参考了部分文献资料，有的文献出处因找不到原作者，无法向参考文献原作者告知被引用或是否需要支付稿酬事宜。在此特别说明，凡是有参考文献原作者发现本书引用到您的文献内容，请第一时间联系我们，我们将协调解决相关问题。联系邮箱：book166@163.com。

参考文献

[1] 刘美凤，王飞. 立足当下 面向未来——顾明远未来教育思想初探[J]. 中国教育学刊，2018（10）：22-27.

[2] 李培根. 工科何以而新[J]. 高等工程教育研究，2017（04）：1-29.

[3] 曹培杰，孙立会. 把全社会变成学生学习的大课堂——教育服务供给社会化的发展路径与监管策略[D]. 现代远程教育研究，2021.

[4] 谭维智. 教育学核心概念的嬗变与重构——基于新时代中国特色教育学话语体系建构的思考[D]. 教育研究，2018.

[5] 兰国帅，张怡，魏家财，等. 未来教育的四种图景——OECD《2020年未来学校教育图景》报告要点与思考[R]. 开放教育研究，2020.（06）：17-28.

[6] 郑晓松. 技术自主还是社会建构：技术与社会的关系再思考[J]. 科学经济社会，2013（06）：166-169.

[7] 王培英，刘建国. 新时期如何发挥高校工会组织的职能[N]. 北京化工大学学报，2001.

[8] 欧阳河. "帮学课程"：迈向3.0的高职课程范式变革[D]. 当代教育论坛，2020（04）：84-94.

[9] 罗松涛. 技能竞赛对高职数控专业教学改革的作用[D]. 农业网络信息，2011.

[10] 孙伟平，戴益斌. 关于人工智能主体地位的哲学思考[J]. 社会科学战线，2018（07）：16-22.

[11] 李运，鲁宽民. 论抗疫战役中当代青年的历史责任与担当精神[N]. 赤峰学院学报，2020（08）：33-36.

[12] 张仕民，雷泽宇，刘意，等.基于AI的无人机电网智能巡检方案研析[J].四川电力技术，2020（08）：90-94.

[13] 帅冉.教育信息化在教育现代化发展中的作用[J].科学与管理，2003（05）：37-39.

[14] 胡祖文.成教业余类法律基础课的大纲教材和课堂教学[N].江西行政学院学报，2009（11）：46-48.

[15] 李政毅，何晓斌.新加坡面向创新驱动型经济的人才政策经验与启示[J].社会政策研究，2019（02）：130-138.

[16] 宋小鹏，崔佳，古小敏，等.基于微信公众平台和Office 365的在线辅助教学[J].教育观察，2019.

[17] 王金秀.澳大利亚师范教育考察之思考[R].贵州师范大学学报，1997.

[18] 杨修平.高职生英语学习"习得性无助"的破解方案研究[N].高等职业教育，2018.

[19] 孙健.基于"教赛相融"教学模式的高职人才培养评价指标体系的初步构建[J].电脑知识与技术，2019（09）：159-160.

[20] 马友乐.教育的二维本质：培育生命自觉与以文化人[J].现代教育科学，2017.

[21] 袁丽，张金华.数据驱动赋能新时代教师领导力的思考[J].当代教育论坛，2020.

[22] 顾小清，李世瑾.人工智能教育大脑：以数据驱动教育治理与教学创新的技术框架[J].中国电化教育，2021（01）：80-88.

[23] 彭垚垚.以立德树人为核心的新时代高职教师职教能力提升研究[N].中国多媒体与网络教学学报，2019（10）：117-118.

[24] 张杰夫."新数字鸿沟"：阻挡贫困地区教育发展的新隐忧——基于"三区三州"教育信息化满意度调查的思考[R].中小学管理，2020（12）：20-23.

[25] 郭爱萍.线上线下混合式教学模式方案的设计和实施——以高职英语读写

课为例[J]. 文教资料, 2018.

[26] 王海妹. 高校移动图书馆发展现状与几点建议[J]. 内蒙古科技与经济, 2015（09）: 140-141.

[27] 杨志峰. 体育院校计算机课混合式学习应用探析[J]. 软件导刊, 2010（04）: 21-23.

[28] 吴俊明. 刍议人工智能化学教学研发的教学论基础[D]. 化学教学, 2017（11）: 3-10.

[29] 沈理. VR遇上在线教育, "美丽的泡沫"PK"创新与改革"？[J]. 中国眼镜科技杂志, 2016（05）: 20-21.

[30] 魏毅, 蒙遥, 朱登明. 基于机器人运动控制的空间增强现实方法[D]. 高技术通讯, 2018（05）: 434-441.

[31] 王建华. 固定球阀球体的分析与研究[J]. 通用机械, 2009（03）: 96-98.

[32] 马晓琨, 胡利平. "有效教学"的定义解析与动态重构——兼谈网络时代的有效教学[N]. 邢台职业技术学院学报, 2019（06）: 1-7.

[33] 刘保亮. 高考指挥棒下高中语文选修课的教学反思[J]. 黑龙江教育, 2016（06）: 65-66.

[34] 杨振堃, 胡春燕. 基于Arduino的智能专业实践教学设计[J]. 计算机教育, 2015（09）: 95-98.

[35] 张家婷. 人工智能背景下财务会计工作的转型发展研究[J]. 行政事业资产与财务, 2018（08）: 81-88.

[36] 苏晓娟, 胡国强. 人工智能在幼儿教育中的应用、挑战与对策[J]. 中国现代教育装备, 2020（10）: 63-67.

[37] 蒋茂华, 胡锋, 杨芳, 牟琳, 文林. 物理学（师范）专业开设数据科学与大数据技术类通识课初探——以"数据酷客"课程为例[J]. 工业和信息化教育, 2019（02）: 89-94.

[38] 李炜. 优化高校文化素质课教学的实践与探索[D]. 教学研究, 2014（01）: 61-64.

[39] 胡钦太，刘丽清，郑凯. 工业革命4.0背景下的智慧教育新格局[D]. 中国电化教育，2019（03）：1-8.

[40] 莫铄. 谈新课程下的信息技术与数学课程整合[N]. 桂林师范高等专科学校学报，2005（01）：93-95.

[41] 王永固，许家奇，丁继红. 教育4.0全球框架：未来学校教育与模式转变——世界经济论坛《未来学校：为第四次工业革命定义新的教育模式》之报告解读[J]. 远程教育杂志，2020（05）：3-14.

[42] 周洪宇，齐彦磊. 教联网时代的生命教育：智能与生命的双和谐[J]. 现代教育管理，2020（08）：1-7.